인문학 일러스토리 II

고전으로 보는 로마문화사

인문학 일러스토리 II

고전으로 보는 로마문화사

곽동훈 지음 · 신동민 일러스트

지오북
GEOBOOK

로마라는 '아이디어'

그리스인들이 모든 것을 시작했다면, 로마인들은 그 모든 것을 지중해 전역으로 퍼뜨렸다고 할 수 있습니다.

페르시아 전쟁 이후 그리스인들은 '그리스인과 야만인'을 분명히 구분하기 시작했습니다. 하지만 로마인들은 제국으로 향해가면서 점점 더 많은 '야만인'들에게 로마 시민권을 나눠주었습니다. 어쩌면 이것이 그리스와 로마의 가장 큰 차이인지도 모르겠네요. 결국 그리스는 지중해를 안마당처럼 생각했지만 지중해를 두르는 제국을 건설하는 데는 실패했고, 로마인들은 바로 그 일에 성공했지요.

지중해를 제패한 로마인들은 도로를 만들기 시작했습니다. 그리하여 스페인과 마우리타니아, 시리아와 이집트까지 어디든 열흘이면 로마 군단이 진군할 수 있게 되었습니다. 물론 도로는 군사용으로만 쓰인 게 아닙니다.

신약성서에 등장하는 사도 바울이 그리스와 아나톨리아의 개척교회들에게 수시로 편지를 보낼 수 있었던 이유도 바로 로마의 도로가 우수했기 때문입니다. 다시 말해 로마의 도로가 없었더라면, 오늘날 우리나라의 기독교인들은 고린도 전서 13장의 "사랑은 오래 참고 사랑은 온유하며 시기하지 아니하며 사랑은 자랑하지 아니하며……" 같은 유명한 구절을 외지 못할 거라는 뜻입니다. 바울이 시리아의 다마스쿠스로 가던 길도 로마의 도로 중 하나였을 것입니다. 바울이 그

곳에서 갑자기 예수의 환영을 보고 말에서 떨어지지 않았다면 전 세계 기독교의 역사는 달라졌겠지요.

그리스인들이 연못 주변의 개구리처럼 지중해라는 거대한 내해 곳곳에 항구를 건설하고 살았다면, 로마인들은 항구를 교두보로 삼고 고대의 고속도로를 통해 내륙 깊숙한 곳까지 진군하여 사람이 살기에 좋은 곳은 모두 자기들이 차지하고 나머지는 야만인들의 손에 맡겨두었습니다.

로마는 무엇보다도 상무국가였습니다. 군사 작전에서 때로는 지나치다 싶을 정도로 잔인했지요. 하지만 미美를 알아본 무사들이라고나 할까요. 그리스 문화를 존경했던 그들은 그리스에 대해서 만큼은 대체로 관대하기 그지없었습니다. 최초로 그리스 땅을 정복한 티투스 플라미니누스는 마치 어려운 친척을 찾아온 손님처럼 굴었다고 하지요. 후일 로마에 편입된 아테네가 반란을 일으키자, 율리우스 카이사르는 이를 간단히 진압한 후 아테네 시민들을 용서하면서, "너희들이 조상들 덕분에 관대한 처분을 받는 것이 도대체 몇 번이나 될까."라고 씁쓸하게 덧붙였습니다.

로마는 그리스를 정복했지만, 그리스는 로마의 정신을 사로잡았습니다. 하지만 미술사학자 아르놀트 하우저는 그리스가 최고의 예술작품을 만들어낸 건 사실이나, 예술을 대중에게 보급한 것은 로마라고 말합니다. 로마가 그리스 문화를 흉내 내기만 한 건 아니라는 이야기입니다.

하지만 로마사를 돌아보면 가장 주목이 되는 건 역시 정치라고 할 수밖에 없습니다. 적어도 서로마만 보면, 군주제로 시작해서 공화제로 이행했고, 공화정의 탈을 쓴 군주제로 돌아갔다가 결국에는 군인 황제들의 군사독재로 마감합니다.

그동안 로마는 호메로스나 플라톤 같은 역사상 최고의 문사(文士)들보다는 율리우스 카이사르와 아우구스투스, 아우렐리우스 같은 최고의 정치인을 낳았고, 때로는 칼리굴라와 콤모두스 같은 미친 황제도 선보였습니다. 다행히 헤로도토스보다는 투키디데스의 정신을 이어받은 역사학자들인 타키투스, 수에토니우스, 리비우스 등이 시대를 비교적 상세하게 기록하고 있습니다. 심지어 로마 역사학자들 중 가장 그리스적인 그리스 출신 역사학자 플루타르코스조차도 특정 사안에 대해 자신이 아는 모든 정보원의 주장을 소개하면서 객관성을 피력하려고 노력합니다.

그들 역시 당대의 정치에 영향을 받을 수밖에 없는 처지란 걸 감안할 때 그들의 기록을 100% 신뢰할 수는 없을 테지만, 그럼에도 불구하고, 필자는 로마를 가능한 한 당대 역사학자들의 기록과 로마사에 정통한 후대 역사학자들의 고전에 근거하여 소개하려고 합니다. 그리고 때로는 베르길리우스와 셰익스피어 같은 시인의 언어도 빌리겠습니다. 왜냐하면 서구문명에서 로마란 한때 이탈리아와 레반트, 북아프리카와 스페인에 이르는 거대한 지역을 지배한 물리적 실체이기도 하지만, 동시에 베르길리우스나 셰익스피어 같은 시인, 수에토니우스와 기번 같은 역사학자들이 만들어낸 당대와 후대의 여러 고전으로 이루어진 '아이디어'이기도 하기 때문입니다.

『인문학 일러스토리 I -모든 것은 그리스에서 시작되었다』와 마찬가지로, 이 책 역시 로마 문화의 요약집이면서 동시에 로마라는 거대한 세계에 입문하려는 분을 위한 가이드북입니다. 즐거운 공부와 여행이 되시기를 바랍니다.

곽동훈

차례

Part 1

트로이의 후예들

호메로스에 필적하는
로마 시인은?

고대 그리스에 비해 고대 로마는 우리나라에 비교적 잘 알려진 편입니다. 아무래도 헤로도토스Herodotos, 기원전 484년경~430년경의 『역사The Histories』나 투키디데스Thucydides, 기원전 460년경~400년경의 『펠로폰네소스 전쟁사History of the Peloponnesian War』보다는 플루타르코스Ploutarchos, 46년 경~120년경의 『영웅전Parallel Lives』이 읽는 사람도 많고 재미도 있죠. 물론 플루타르코스는 그리스와 로마 영웅 모두를 소개합니다만, 독자에게는 로마인 쪽이 보다 인상에 강하게 남습니다. 게다가 대중문화에서도 그리스보다는 로마를 다루는 경우가 많습니다. 미국 드라마 채널 HBO의 유명한 시리즈 「로마」나 「스파르타쿠스」가 대표적인 예입니다.

하지만 대중문화에서 다루는 소재는 상당히 단편적이어서 로마의 전체적인 모습을 조망하기에는 좀 부족합니다. 그래서 이 책에서는 로마라는 큰 나무를 가능한 한 입체적이고도 구체적으로 파악할 수 있도록, 전체적인 줄기와 함께 간간이 가지와 잎사귀에 해당하는 사소한 일화들도 소개하면서 로마의 역사와 문화를 크게 일별해 보도록 하겠습니다.

'그리스' 편에서 호메로스Homeros, ?~?가 그리스인들의 트로이 침략을 소재로 서사시 『일리아드*Iliad*』와 『오디세이아*Odysseia*』를 썼다는 이야기를 했는데요. 실은 그 후속편이 있습니다. 그리스인이 아니라 로마인 베르길리우스Publius Vergilius Maro. 기원전 70~19년가 쓴 『아이네이스*Aeneis*』가 바로 그 작품입니다.

『아이네이스』는 트로이 전쟁에서 싸운 장수 아이네이아스가 한 무리의 트로이 사람들을 이끌고 새로운 땅을 찾아나서는 내용의 서사시입니다. 그들이 마침내 도착한 새로운 땅이 바로 '로마'라는 이야기입니다.

전설에 따르면, 트로이의 멸망 와중에 아이네이아스가 트로이의 유민들을 이끌고 정착할 만한 새로운 땅을 찾아 떠나는데, 온갖 우여곡절 끝에 현재의 로마 인근에 도착합니다. 그리고 아들 아스카니우스(별칭 이울루스)가 로마 남동쪽의 알바 롱가Alba Longa에 도시를 세우고 왕이 됩니다.

고대 로마 시대의 유적지인 포룸 로마눔

중세 유럽인들은 베르길리우스를 호메로스에 필적하는 위대한 시인으로 생각했습니다. 그래서인지 단테Dante Alighieri, 1265~1321년의 『신곡La divina commedia』에서는 단테에게 지옥을 안내하는 길잡이로 등장하기도 합니다.

베르길리우스의 『아이네이스』는 실은 일종의 「용비어천가」입니다. 율리우스 카이사르Julius Caesar, 기원전 100~44년가 브루투스Marcus Junius Brutus, 기원전 85~42년와 카시우스Gaius Casius Longinus, ?~기원전 42년 등에게 암살당한 후, 그들과 안토니우스 등 정적을 물리치고 로마를 장악한 카이사르의 양아들 옥타비아누스Augustus 또는 Gaius Octavianus,

단테의 『신곡』

'신곡神曲'이란 번역은 사실 좀 안 어울립니다. 단테는 자신의 작품이 '희극Comedy'의 일종이라고 생각했습니다. 지옥의 안내자로 베르길리우스를 선택한 이유는 『아이네이스』에서 이 위대한 시인이 아이네이아스가 지옥을 방문하는 장면을 묘사했기 때문으로 보입니다. 중세 유럽인들은 단테가 성령의 도움으로 지옥에 진짜 다녀왔다고 생각했다는군요. 마치 『성경』의 「요한계시록」 같은 체험담으로 본 거죠. 한번은 갈릴레오가 어느 모임에서 『신곡』을 근거로 지옥의 위치와 모습을 묘사해서 큰 갈채를 받은 적도 있다고 합니다.

서구 문화에서 '지옥 방문'의 역사

서양 문화사에서 '명부冥府'에 다녀온 것으로 유명한 사람은 바로 오르페우스, 헤라클레스, 오디세우스, 아이네이아스, 단테, 이렇게 다섯 명입니다. 물론 실제로 다녀온 게 아니고, 이야기에 그렇게 등장하는 거죠.

하프 연주의 명수였던 오르페우스는 아내 에우리디케가 독사에 물려 사망하자, 자신의 장기인 하프 연주로 지옥의 경비견 케르베로스를 다독이고 명부의 지배자 하데스마저 설득하여 에우리디케를 데려오는 데 성공하는 듯했으나, 마지막 순간에 "뒤돌아보지 말라."는 하데스의 충고를 어기는 바람에 다시 아내를 잃어버리죠.

헤라클레스는 유명한 '열두 과업'의 하나로 지옥의 경비견 케르베로스를 잡아오라는 명령을 받고, 스틱스 강의 사공 카론을 협박하여 지옥에 들어갔습니다. 그는 하데스의 허락을 얻어 케르베로스를 사로잡아 지상으로 데리고 왔다가 다시 지옥에 돌려줍니다.

그리스인들이 트로이를 정복하는 데 아킬레우스 다음으로 큰 공을 세운 꾀돌이, 오디세우스는 바로 그 때문에 신들의 미움을 받아 10년 동안이나 바다를 헤매게 됩니다. 수많은 모험의 와중에 오디세우스와 일행은 마녀 키르케의 조언을 듣고 명부를 여행합니다. 그들은 죽은 동료 선원과 아킬레우스, 아가멤논 등을 만나고, 오디세우스는 그를 기다리다가 세상을 떠난 모친과도 재회합니다.

시인 베르길리우스의 『아이네이스』에서, 아이네이아스는 쿠마에 아폴론 신전의 무녀 키벨레를 따라 지옥을 방문합니다. 거기서 아이네이아스는 죽은 아버지를 만나 로마의 미래에 관한 이야기를 듣습니다.

마지막으로 단테가 있는데요. 그는 『신곡』에서 지옥의 안내자로는 베르길리우스, 이후 천국의 안내자로는 자신이 짝사랑했던 여인 베아트리체를 소개합니다.

기원전 63~기원후 14년의 정통성을 확립하려는의도였죠.이제 제1시민(즉 황제) 아우구스투스로 불리는 옥타비아누스가 비너스 여신의 아들인 아이네이아스의 후손이므로 신성한 권위를 지니고 있다고 선포하는 겁니다.

　로마인들은 『아이네이스』가 호메로스의 『일리아드』나 『오디세이아』에 버금가는 아름다운 서사시라고 생각했지만, 실제로 읽어보면 분위기와 퀄리티가 꽤 다릅니다. 『아이네이스』는 트로이의 멸망 장면에서 시작해서, 아이네이아스가 가족과 트로이 사람들을 이끌고 이탈리아 땅에 도착해서 적대적인 토착민과 싸우다가 그 대장을 죽이는 장면에서 끝나는데요. 원래는 베르길리우스가 그 뒷이야기까지 계속 쓸 계획이었는데, 끝마치지 못하고 죽어버렸다고 하지요. 그러니까 미완성 작품이라고 봐야 합니다.

뿌리 깊은 나무는 바람에 흔들리지 않나니……

아이네이스

베르길리우스

아우구스투스

『아이네이스』는 우리나라에도 번역되어 있는데요. 번역투를 감안하더라도 상당히 재미있게 읽히는 서사시입니다. 어쩐지 호메로스와 고전 비극과 헬레니즘 시기의 모험 이야기 등 여러 가지가 뒤섞인 느낌이 듭니다.

아이네이아스가 투르누스와 벌이는 전투 장면은 『일리아드』를 연상시키고, 아이네이아스 일행의 모험과 불행은 『오디세이아』 같고, 때때로 스스로의 불행을 한탄하는 주인공 모습은 소포클레스Sophocles, 기원전 496년경~406년의 주인공을 떠오르게 하며, 주피터 앞에서 주노와 비너스가 잘잘못을 따지는 장면은 에우리피데스Euripides, 기원전 484년경~406년경의 한 작품을 보는 듯합니다. 일종의 혼성모방이라고나 할까요. 다만 전체적으로 호메로스의 중후함에는 미치지 못합니다.

피 튀기는 로마의
건국 신화

하여튼 아이네이아스가 이탈리아 땅에 도착한 후 400여 년 동안 그의 가계가 이어지다가 결국에는 로물루스가 등장합니다.

아이네이아스의 후손 프로카스 왕은 두 아들 누미토르와 아물리우스를 얻습니다. 그런데 프로카스 왕이 사망하자 권력을 탐했던 동생 아물리우스가 형 누미토르를 감옥에 가두고 왕좌에 앉습니다.

권력은 부자(父子)끼리도 나눌 수 없는 법, 하물며 형제 따위야.

동생아

아물리우스

아물리우스는 차마 피붙이를 죽일 수는 없었는지, 형은 감옥에 가두고 형의 딸 실비아는 가정의 여신 베스타를 모시는 처녀 신관으로 만들어버렸습니다. 전통적으로 베스타의 신관은 결혼이 금지되어 있으니 후손을 생산하지 못하게 하려는 속셈이었죠. 하지만 실비아의 미모가 워낙 출중한 탓이었는지 전쟁의 신 마르스가 몰래 그녀를 찾아와 쌍둥이인 로물루스와 레무스를 낳게 합니다.

그러고는 어디선가 들어본 듯한 이야기가 이어집니다. 이 아이들이 삼촌 아물리우스의 왕좌를 빼앗을 거라는 예언이 있었고, 왕의 명령을 받은 하인이 아이들을 죽이는 대신 바구니에 담아 강가에 버리는 거죠. 옛날이야기에는 강가에 버려지는 아이들이 왜 이렇게 많은지 모르겠군요. 하여튼 이번에는 사람 대신 암늑대가 아이들을 발견하고 젖을 먹여 키웁니다.

카피톨리니 박물관의 늑대상

그러다가 우연히 파우스툴루스라는 목동이 그들을 발견해서 집으로 데려가지요. 마침내 어른이 된 로물루스와 레무스는 아물리우스를 죽이고 누미토르를 구해냅니다. 그런데 형제들이 서로 왕이 되겠다고 싸우고, 그만 로물루스가 레무스를 죽이고 맙니다.

로물루스는 자신의 이름을 따서 나라 이름을 로마Roma라고 지었습니다. 고고학적 증거들로 보면 테베레강가에 기원전 8세기경의 마을 흔적이 보인다고 하니 로물루스의 왕국은 그때쯤 세워진 게 아닐까 싶네요.

그런데 로마의 건국신화는 좀 끔찍하지 않나요? 동생이 형을 가두고, 형의 아들들이 삼촌을 죽이고, 다시 형이 동생을 죽이고…… 친족 살해로 얼룩진 로마의 건국신화는 후일 로마 제국의 처절한 권력투쟁을 예언하는 것 같습니다. 개인적으로는 이보다 곰이 마늘과 쑥을 먹고 아름다운 여자로 변신하여 하늘에서 내려온 왕자와 결혼해 단군왕검을 낳았다는 이야기가 더 마음에 드네요.

브루투스,
로마 공화정의
아버지

어쨌건 로물루스는 도시를 세운 후 장정들을 모아 군대를 만듭니다. 각 부대는 보병 3,000명과 기병 300명으로 이루어졌는데, 이를 레기오legio라고 불렀습니다. '로마 군단legion'의 어원이 이것이겠죠? 그리고 인민 가운데 100명을 뽑아 파트리키patrici라 부르고, 그들이 모이는 집회를 원로원senatus이라 칭합니다. 로마 귀족 계급과 원로원의 시조입니다.

고대 로마는 귀족patrici과 평민plebs, 그리고 노예로 구성된 계급 사회였습니다.

새로운 도시 로마에는 아내가 없는 남자들이 많았습니다. 그래서 로물루스는 어느 날 이들과 함께 사비니족의 마을에 쳐들어가 30여 명의 여자들을 약탈해옵니다. 이 사건 때문에 사비니족의 원한을 사서 끊임없는 분쟁이 일어납니다. 그러던 어느 날 또 사비니족과 전투를 벌이던 중 갑자기 로마에 살던 사비니족 여자들이 전장에 드러누워서 울기 시작했습니다.

우리가 무슨 잘못을 했다고 이렇게 괴롭히나요? 양쪽이 싸우면 누가 이기든 우리는 슬플 뿐이잖아요. 우리가 여기에 좋아서 온 것은 아니지만 이제 한 집안이 되었으니 제발 싸우지들 말아주세요.
(플루타르코스의 『영웅전』 중에서)

듣고 보니 맞는 말이라 두 민족은 화해를 하고 나라를 합치기로 결정합니다. 합친 나라의 이름은 로마로 하고 로물루스와 사비니족의 왕 타티우스는 공동으로 나라를 다스립니다. 그런데 5년 후 타티우스가 사소한 사건에 휘말려 살해당하면서 로물루스 혼자서 나라를 이끌게 됩니다.

이후 로물루스는 뛰어난 지혜와 용기로 로마를 침략하는 여러 적들을 물리치고 나라를 안정시킵니다. 그러다가 건국 후 37년이 되던 해 어느 날 염소늪이라는 곳에서 연설하던 도중 갑자기 사라지고 말았다고 하네요.

이거 좀 황당한데요. 플루타르코스에 따르면, "돌연히 해가 빛을 잃고 캄캄해지며 폭풍이 몰아치자, 사람들이 팔방으로 흩어져 숨었"

는데, 폭풍우가 지나고 다시 해가 났을 때 사람들이 돌아와 보니 왕의 모습이 보이지 않았답니다. 왕이 어디로 가셨느냐고 현장에 있던 원로원 의원들에게 묻자, 그들은 "왕은 신의 부름을 받아 사라진 것"이라고 답했습니다.

사람들은 그들이 왕을 죽였다고 의심했습니다. 하지만 웬걸요. 며칠 후 프로쿨루스가 공회장에 나타나 여행 도중에 로물루스 왕을 만났다고 말하는 게 아닙니까. 프로쿨루스는 로물루스의 친구이자 평소 성실하기로 소문난 사람이었는데요. 그가 말하기를 로물루스가 신이 되어 하늘로 돌아간다고 로마 시민에게 전해달라고 했다는 겁니다. 이로써 로물루스 실종 사건은 종결되고 말았습니다. 어쩐지 죽은 지 사흘 만에 부활해서 길 떠나는 베드로 앞에 나타난 예수 그리스도 이야기와 닮은 것 같지 않나요?

로물루스

나는 하늘로
이사 갔다고
전해주게.

프로쿨루스

로마 왕조는 총 일곱 왕을 거친 후 끝나버립니다. 기원전 509년 경 브루투스가 이끄는 혁명군이 로마의 마지막 왕 타르퀴니우스Lucius Tarquinius Superbus. ?~기원전 510년경를 몰아내고 공화정을 설립하거든요.

그런데 여기서 '브루투스'란 이름이 귀에 익지 않나요? 맞습니다. 이 브루투스의 후손 중 하나가 카이사르를 암살한 그 브루투스입니다. 카이사르의 암살범 브루투스는 자신의 조상이 공화정을 설립한 위인이란 점을 굉장히 의식하고 살았다고 하지요.

신시내티의 유래와
조지 워싱턴

좀 뜬금없지만 미국 오하이오 주에 있는 신시내티Cincinnati란 도시를
아시나요? 아시는 분이 많을 겁니다. 우리나라 추신수 선수가 신시내
티 레즈에서 뛰기도 했으니까요. 그런데 왜 갑자기 신시내티냐구요?
이 신시내티라는 이름이 지금부터 하려는 이야기와 관련이 있거든요.

　　기원전 5세기 중반 공화국이 된 로마는 주변의 아에키족, 사비니
족 등과 자주 다툼이 있었습니다. 그런데 어느 날 집정관 에스퀼리
누스가 이끄는 로마 부대가 아에키족의 함정에 빠져버린 것입니다.
몇 명의 기병이 간신히 포위를 빠져나와 원로원에 이 사태를 알렸습
니다.

원로원은 공포에 질려 또 다른 집정관(당시 로마는 2인 집정관 체제였습니다.) 풀빌루스에게 사태 해결을 부탁했습니다. 그러자 그는 신시나투스Lucius Quinctius Cincinnatus, 기원전 519~430년라는 인물을 독재관으로 임명하고, 6개월 동안 무한 권력을 행사할 수 있도록 했습니다.

원로원 의원들이 신시나투스를 찾아갔을 때 그는 자기 집 앞 밭에서 쟁기질을 하고 있었습니다. 자신이 급무를 처리할 독재관으로 임명되었다는 소식을 들은 신시나투스는 즉시 원로원으로 달려가서 선서를 했습니다.

선서, 저 **신시나투스**는 독재관으로서 사사로운 이익을 취하지 않고, 오직 로마의 보위를 위해 목숨을 바칠 것을 선서합니다.

아무리 급해도 그렇지… 바꿨었어요.

신시나투스

다음날 아침 신시나투스는 로마 시민으로 이루어진 군대를 소집해, 부관에게 작전 지시를 내리고 바로 전장으로 달려갔습니다. 신시나투스가 지휘하는 보병과 부관이 이끄는 기병이 양쪽에서 적군을 압박하자 승부는 곧 끝나버렸습니다. 패배한 아에키 군의 사령관은 목숨만 살려달라고 빌었죠. 무의미한 살육은 피하고 싶었던 신시나투스는 적군의 장교 몇 명을 참수하는 조건으로 항복을 수락합니다.

로마는 공화정 이래 핵심 관직 몇 가지는 변하지 않았습니다. 아우구스투스 이후 황제정이 시작되어도 대부분의 주요 관직은 형식적으로 살아남았습니다.

공화국의 정무관으로 집정관, 감찰관, 법무관, 조영관, 호민관, 독재관 등이 있었는데, 그중 집정관이 행정부의 장으로 요즘으로 치면 대통령과 같은 지위였습니다. 하지만 정무관들은 대부분 임기가 1년이고, 두 사람이 동시에 관직을 맡아서 독재자가 나타나기 어렵게 만들어놓았습니다. 하지만 대놓고 '독재관'이란 이름을 붙인 직위가 있었으니, 이는 국가의 비상 상황에서 일시적으로 한 사람이 모든 권력을 잡고 나라를 위기에서 구할 수 있도록 만든 제도였습니다. 후일 카이사르가 이 지위를 '종신 독재관'으로 변형해 영구 집권을 꾀하다가 결국 왕이 되려 한다는 의심을 받고 브루투스 등에게 암살당합니다.

이로써 전쟁은 끝나고 신시나투스는 로마를 위기에서 구한 영웅이 되어 시민들의 환호 속에 로마로 개선합니다. 여기까지는 그저 보통 영웅의 평범한 영웅담에 불과하지요. 바로 다음 순간 신시나투스가 한 일이 남다릅니다. 로마로 돌아온 신시나투스가 가장 먼저 한 일이 무엇이었을까요?

그는 즉시 군대를 해산하고, 독재관 자리에서도 물러납니다. 왜냐고요? 집으로 돌아가서 농사를 지어야 하니까요.

그는 합법적으로 6개월 임기를 보장받은 '독재관'이었고, 당시 분위기에서 마음만 먹으면 왕이 될 수도 있었거든요. 그러나 신시나투스는 아무런 욕심도 부리지 않고 그냥 집으로 돌아간 것입니다. 그런데 이것이 끝이 아니었습니다.

20여 년 후 마일리우스라는 작자가 왕이 되기 위해 내란을 기도했을 때 신시나투스는 다시 불려나가 독재관 자리를 떠맡았지요. 물론 이때도 사건을 해결하자마자 관직을 내려놓고 집으로 돌아간 건 당연하고요.

두 번씩이나 최고 권력자의 자리를 스스로 내던지고 보통 시민으로 돌아간 신시나투스는 살아서 이미 로마의 전설이 되었습니다. 그래서 일화가 하나 더 만들어집니다.

이제 신시나투스도 늙어서 거동이 불편하던 때, 그의 아들 하나가 군대에서 근무 태만으로 재판에 회부되었습니다. 법리상으로는 분명 중형을 선고해야 마땅한데, 그를 변호하던 이가 배심원들에게 묻습니다. "만약 그를 처벌한다면 누가 신시나투스에게 그 소식을 알릴 것인가?" 결과는 무죄 석방이었습니다. 아무도 늙은 영웅의 마음을 아프게 하고 싶지 않았거든요.

오하이오의 주도 신시내티의 원래 이름은 로잔티빌Losantiville이었는데요. 1790년 북서부 주지사였던 아서 세인트 클레어Arthur St. Clair. 1737~1818년가 자신이 속한 독립혁명가들의 모임 '신시내티회'의 이름을 따서 신시내티(Cincinnati는 Cincinnatus의 복수형)로 개명을 합니다.

 신시내티회의 모토는 다음과 같습니다.
"그는 공화국을 구하기 위해 모든 것을 바쳤다.
Omnia relinquit servare rempublicam."

미국에는 오하이오주 신시내티 외에, 뉴욕주에 신시나투스라는 이름의 작은 마을이 있습니다.

그런 모임도 있었냐고요? 네, 있었습니다. 미국 독립혁명의 주도자들도 로마사에 해박한 지성인들이었거든요. 특히 미국의 초대 대통령 조지 워싱턴George Washington, 1732~1799년은 종종 스스로를 로마 공화정의 영웅 신시나투스에 비유했습니다.

사실 미국의 정부 형태는 로마 공화정을 모방했다고 해도 과언이 아닙니다.

조지 워싱턴

다들 아시다시피 대통령 임기를 마친 그에게 일부에서 미국의 초대 왕이 되어줄 것을 요청했지만, 그는 신시나투스처럼 마운트 버넌에 있는 자기 농장으로 돌아갔지요. 그런데 본인 생각에도 좀 자랑스러웠나 봐요. 그는 혁명 동지들을 모아 '신시내티회'란 걸 만들고 초대 회장을 역임하는데요. 여기서는 죽을 때까지 17년이나 장기 집권을 합니다!

 미국을 세운 '건국의 아버지들Founding Fathers, 미합중국 헌법 제정자들'이 로마 공화정을 모델로 정치체제를 구성한 것은 유명한 사실입니다.

플루타르코스의 『영웅전』
베르길리우스의 『아이네이스』

플루타르코스의 『영웅전』

그리스 로마 고전에 관심 있는 사람은 누구나 읽어야할 필독서입니다. 우리나라에서는 『영웅전』이라고 하고, 영어로는 보통 『Parallel Lives』라고 하는데요. 글자 그대로는 '평행 인생들'이죠? 뭔 소리인가 하면, 비슷한 인생을 살았던 그리스인과 로마인의 생애를 비교하는 책이라는 뜻입니다. 플루타르코스가 쓴 책의 형식이 그리스인 한 명, 로마인 한 명 이렇게 인생을 소개하고 마지막에 두 사람의 인생을 소개하는 식으로 되어 있습니다. 이를테면 연설의 대가로 유명했던 그리스인 데모스테네스와 로마인 키케로의 인생을 각각 소개하고, 그 다음 둘 중 누가 더 훌륭한 인생을 살았나 하고 평가를 내리는 식이죠.

플루타르코스는 그리스 보이오티아 지역에 살았던 로마 시민이었습니다.

플루타르코스 흉상, 제작년도 미상

태어난 집은 델피 신전 근처였다고 합니다. 아테네의 유명한 '아카데미아'에서 공부했지만 학업을 마친 후 다시 고향에 돌아와서 살았다네요.

플루타르코스가 남긴 기록의 정확성에 대해서는 말이 많습니다. 특히 누마, 리쿠르고스 등 전설적인 인물들에 대해서는 그냥 '카더라' 수준의 기록도 많죠. 플루타르코스 본인은 여러 정보원이 말한 걸 모두 소개해서 '객관성'을 높이려고 한 흔적을 보이지만, 그 때문에 오히려 더 정보가 부실해 보일 때도 있습니다.

시간이 흐르면서 유실되거나, 후세 사람들이 수정을 가해 진위가 미심쩍은 부분도 있습니다. 원래는 그리스인 한 명과 로마인 한 명을 짝지어야 하지만, 사라진 원고 때문에 솔로로 등장하는 인물이 몇 명 있습니다.

어쨌거나 그리스와 로마 영웅들을 소개하는 이만한 '원전' 자료도 드문 게 사실입니다. 우리가 읽는 서양 '고전'에서 수많은 작가가 플루타르코스를 인용하지요. 따라서 플루타르코스를 읽지 않으면 고전을 읽는데 지장이 많은 것도 사실입니다.

우리나라에서도 많은 어린이들이 '만화' 영웅전을 읽습니다. 하지만 어렸을 때 만화로 읽었더라도 다시 '원전'으로 읽어보세요. 느낌이 확 다릅니다. 우리나라에는 두어 가지 판본으로 나와 있는데요. 어느 것을 읽어도 상관없어요.

물론 이 책을 읽기 전에 『그리스·로마 신화』와 제가 쓴 『인문학 일러스토리 I -모든 것은 그리스에서 시작되었다』를 읽으면 더욱 좋습니다.

본문 중에서도 설명했지만, 그리스에 호메로스가 있다면 로마에는 베르길리우스가 있습니다. 물론 호메로스는 '전설'에 가까운 인물이지만, 베르길리우스는 실존했음이 확실합니다. 그는 아우구스투스 황제의 친구이자 당대 최고의 명성을 누린 대시인이었습니다. 그는 당대에서 근대에 이르기까지 호메로스 못지않은 명성과 권위를 누렸는데요. 우리가 읽는 '고전'의 작가 대부분이 『아이네이스』를 읽었다고 해도 과언이 아닐 겁니다.

페데리코 바로치, 「안키세스를 업고 트로이를 탈출하는 아이네이아스」, 1598년

『아이네이스』는 그 자체로도 훌륭한 문학작품이지만, 후일 수많은 아티스트들의 영감을 자극한 작품입니다. 그래서 르네상스 이래 서구

미술사에는 『아이네이스』의 내용을 모르면 이해하기 어려운 작품들이 많죠. 특히 아이네이아스가 아버지를 업고 트로이를 탈출하는 장면이나, 카르타고의 여왕 디도와의 로맨스 등은 서구 화가들이 수없이 반복해서 묘사한 에피소드입니다.

이야기는 아이네이아스가 우여곡절 끝에 이탈리아에 도착하여 현지의 호전적인 종족과 갈등을 빚다가, 마침내 그 무리의 수장과 결투를 벌이는 장면에서 끝나는데요. 원래는 그 뒷이야기까지 담을 계획이었지만 베르길리우스가 계획을 실현하지 못하고 사망하고 말았다고 하는군요.

우리나라에도 번역판이 나와 있으니 시간 날 때 한 번 읽어보세요.

Part 2

지중해의 패권

카르타고를
멸해야 한다!

로마인들은 오늘날 이탈리아 사람들처럼 정열이 넘치는 쾌락주의자들이었습니다. 행복은 좋은 와인과 뜨거운 사랑으로 이루어진다고 믿었지요. 사치는 죄악이 아니라 자랑거리였습니다. 만약 로마 사람들이 "개처럼 벌어서 정승처럼 쓴다."는 한국 속담을 알았다면 분명 자기들 이야기라고 생각했을 겁니다.

하지만 특이한 사람은 어디에나 있으니 이름난 웅변가이자 정치가인 카토(대大 카토)Marcus Porcius Cato Censorius. 기원전 234~149년 가 바로 그런 사람이었습니다.

쾌락은 가장 큰 악의 미끼며 영혼에 대한 큰 장애는 육체다. 그러므로 육체의 욕망을 버리면 인간은 영혼을 가장 자유롭고 깨끗한 것으로 만들 수 있다.

끄떡

카토

플라톤

사치스런 로마인들

$

일찍이 집정관을 10년이나 지내고 감찰관이 된 카토는 아테네인의 무지를 공격하던 소크라테스처럼 로마인의 사치를 공격했고, 그 때문에 특히 귀족들의 원성을 샀지만 평민들은 그런 카토를 좋아했지요. 그래서 평민들은 감찰관 카토의 위업을 기린 동상까지 제작했습니다. 물론 본인은 쓸데없이 동상 같은 걸 만드는 데 돈을 쓴다고 투덜거렸다고 합니다.

카토가 돈을 싫어하는 사람은 아니었습니다. 오히려 그는 정당한 사업을 해서 부자가 되는 건 좋은 일이라고 생각해서 부동산업과 무역업에 돈을 투자해 많은 이익을 냈습니다.

그건 그렇고 카르타고 아시죠? 코끼리 떼를 이끌고 알프스를 넘었던 명장 한니발Hannibal, 기원전 247~183년경을 배출한 나라이자, 로마의 숙적. 현재의 튀니지쯤에 있었지요. 카토의 말년 당시 로마는 지중해의 패권을 두고 카르타고와 이미 두 번이나 전쟁을 벌여서 두 번 다 이

긴 전적이 있었습니다. 그런데 카토가 직접 카르타고에 가서 보니, 이 나라가 인구와 물자도 넉넉하고 전투 준비도 잘 되어 있는 겁니다. 카토의 생각에 카르타고는 지난 두 번의 전쟁으로 약해진 게 아니라 전쟁경험을 쌓은 것에 불과했습니다.

그는 급히 로마로 돌아와 원로원에서 카르타고를 정벌해야 한다고 주장합니다.

"반드시 카르타고를 멸해야 합니다!"

당시 정계에서 활발하게 활동하던 카토는 모든 연설 맨 끝에 이 말을 덧붙였다고 합니다. 그런데 2차 포에니 전쟁의 아프리카 자마Zama 전투에서 한니발의 부대를 무찌른 후 '스키피오 아프리카누스'란 명예로운 이름을 얻은 푸블리우스 스키피오는 생각이 좀 달랐습니다. 그 역시 이제 전쟁터에서 벗어나 정계에서 활동하고 있었는데요. 그는 연설 끝에 항상 카토와 반대로 말했습니다.

카토는 목적을 위해서라면 때로는 수단 방법을 가리지 않는 전형적인 정치인이 되었습니다. 그는 스키피오 아프리카누스의 사소한 약점을 잡아 공격한 끝에 정계에서 물러나게 했습니다. 결국 로마는 카르타고를 멸망시킵니다. 재미있는 건 전쟁을 부추긴 자는 카토였지만, 그 전쟁을 승리로 이끈 사람은 스키피오 아프리카누스의 양손자인 스키피오 아이밀리아누스였다는 점입니다. 어찌 보면 포에니 전쟁은 결국 스키피오 집안 사람들이 끝냈다고 할 수 있습니다.

카르타고를 멸망시킨 집안의 가계

?~기원전 211년 — **푸블리우스 코르넬리우스 스키피오**Publius Cornelius Scipio
*스키피오 아프리카누스의 아버지

기원전 236~184년 — **푸블리우스 코르넬리우스 스키피오 아프리카누스**
Publius Cornelius Scipio Africanus *약칭 대大 스키피오

기원전 185~129년 — **푸블리우스 코르넬리우스 스키피오 아이밀리아누스**
아프리카누스 누만티누스 Publius Cornelius Scipio Aemilianus
Africanus Numantinus *약칭 소小 스키피오

로마와
카르타고의
악연

카토는 왜 그리 집요하게 3차 포에니 전쟁을 부추겼을까요? '포에니 전쟁'이란 용어는 페니키아인이란 뜻의 라틴어 '포에니쿠스Poenicus'에서 유래했는데요. 영어로는 'Punic Wars'라고 합니다. 한 번이 아니라 여러 번이어서 보통 복수형으로 쓰죠.

하여튼 뜻은 '페니키아인과 싸운 전쟁'쯤 됩니다. 그런데 왜 페니키아인이냐 하면, 당시 카르타고 사람들을 먼 옛날 페니키아에서 이주해온 사람들의 후손이라고 생각했거든요.

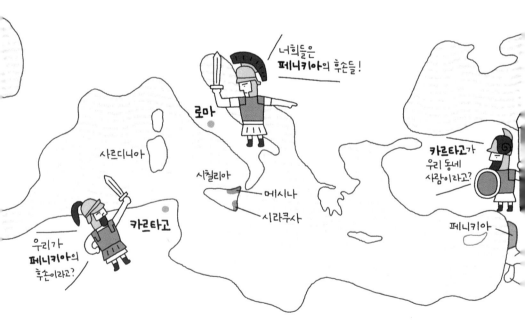

로마와 카르타고의 악연은 저 멀리 아이네이아스 전설의 시대까지 올라갑니다.

아이네이아스는 멸망한 트로이를 뒤로한 채 새로운 땅을 찾아 떠나지만 여신 주노의 분노는 아직 멈추지 않았습니다. 그녀는 바람의 신 아이올로스를 시켜 트로이 함대를 풍랑 속에 몰아넣었고, 아이네이아스는 일단 가까운 카르타고에 정박합니다. 그런데 당시 카르타고를 다스리던 페니키아 출신 여왕 디도가 씩씩한 아이네이아스를 보고 그만 한눈에 반하고 마는 것입니다. 이는 사실 트로이를 돌봐주던 비너스 여신이 꾸민 일이었지요.

고생 끝에 미인을 만난 아이네이아스 역시 디도에게 호감을 느끼고 둘은 덜컥 결혼식을 올립니다. 문제는 아이네이아스의 곁에 수많은 트로이 유민들이 새 땅을 찾으러 가기 위해 준비하고 있다는 사실!

마침내 주피터는 머큐리를 사자로 보내 아이네이아스의 임무를 일깨워 줍니다. 그제야 정신을 차린 아이네이아스는 유민들을 이끌고 다시 바다로 떠납니다. 가슴이 찢어진 디도는 장작더미에 올라 아이네이아스의 칼로 자신의 가슴을 찌른 후 불을 붙입니다. 그리고 마지막으로 아이네이아스와 트로이 사람들에게 저주를 내립니다. 즉 아이네이아스의 민족과 자신의 민족은 영원히 싸울 수밖에 없을 거라고 예언하는 것입니다.

물론 이런 이야기는 포에니 전쟁의 역사를 잘 알았던 베르길리우스가 재미있으라고 혹은 전쟁을 정당화하기 위해 넣은 이야기죠.

기원전 3세기경 카르타고는 로마 못지않게 크고 강력한 나라였습니다. 특히 해상 전력만 보면 로마를 훨씬 능가하는 강대국이었죠. 언젠가는 지중해의 패권을 두고 로마와 격전을 치를 수밖에 없는 상대였던 것입니다.

로마와 카르타고의 첫 번째 분쟁, 즉 1차 포에니 전쟁기원전 264~241 년은 시칠리아에서 시작되었습니다. 시라쿠사의 히에로 2세와 메시나의 용병 부대 사이에 전투가 벌어진 것입니다. 메시나는 카르타고와 동맹 관계였으므로 카르타고에서 원군을 보내주어 메시나를 점령한 시라쿠사 군을 물리칩니다.

그런데 여기서 반전이 일어납니다. 카르타고 군이 자기 땅에서 활개치는 게 싫었던 메시나 사람들이 로마 군을 끌어들인 겁니다. 이로써 시라쿠사와 메시나 간의 국지전이 로마와 카르타고의 전면전으로 변해버린 거죠.

지상전에 강했던 로마 군은 시칠리아에서 카르타고 군을 쉽게 물리칩니다. 그러자 카르타고는 작전을 바꿔 해전을 감행하지요. 그들이 로마 해군을 압박하자, 처음에는 수세에 몰리던 로마인들이 급속히 해상 전력을 강화해서 반격에 나섭니다.

멀리 떨어진 배에서 화살을 쏘며 싸우는 해전보다, 장병끼리 직접 맞붙는 육박전에 자신 있던 로마인들은 해전에서도 아군과 적군의 배를 묶어놓고 싸우는 법을 개발하기도 했습니다.

 코르부스란 군함 위 기다란 기둥에 장착된 접철식 다리입니다. 로마군이 적의 배에 올라타기 위해 만들 신 병기이지요.

전쟁은 20년가량 지속되었는데 상호간 상당한 손실이 있었지만 결과적으로 로마의 승리로 끝납니다.

카르타고는 시칠리아에서 로마의 지배권을 인정하고 상당액의 배상금을 물어주기로 했지요. 로마는 이 전쟁을 계기로 지중해의 일인자가 되어 해상 무역권을 완전히 확보하고 지중해 주변으로 차근차근 진출하기 시작합니다.

하지만 카르타고에는 이때의 패배를 잊지 않는 군인 부자가 있었으니, 바로 하밀카르Hamilcar Barcas. 기원전 270년경~228년와 그의 아들 한니발이었습니다.

역사학자 폴리비오스Polybios. 기원전 200년경~118년경에 따르면, 1차 포에니 전쟁 후 아버지 하밀카르가 이베리아 반도의 한 부족을 정벌하러 떠날 때 어린 한니발이 자기도 데려가 달라고 졸랐습니다. 그러자 하밀카르는 아들에게 이렇게 답했다죠.

"네가 평생 원수 로마를 잊지 않겠다고 다짐하면 함께 가겠다."

한니발은 자신이 불과 철로 로마의 운명을 결정하겠다고 아버지 앞에서 맹세합니다. 그 후 한니발은 평생을 전장에서 보내고, 그의 이름은 로마인들이 가장 두려워하는 이름이 됩니다.

지중해 최강의 장군
한니발

로마와 카르타고 분쟁의 하이라이트라 하면 역시 2차 포에니 전쟁입니다.

한니발의 아버지 하밀카르는 스페인 원정 도중 사망하고 한니발의 매형 하스드루발이 총대장이 되었는데, 기원전 221년 하스드루발마저 암살당하고 말았습니다. 그러자 카르타고 정부는 젊은 한니발을 총대장으로 임명했습니다. 로마의 역사학자 리비우스Titus Livius, 기원전 59년경~기원후 17년에 따르면, 그 체구와 형형한 눈빛과 기세가 마치 죽은 하밀카르 장군과 똑같아서 병사들이 깜짝 놀랐다고 합니다.

기원전 218년 한니발은 스페인에서 보병 4만 명과 기병 1만 2,000명, 그리고 코끼리 30여 마리를 이끌고 로마 원정에 나섭니다. 하지만 수많은 강과 알프스 산맥이 그의 앞을 가로막고 있었지요. 한니발 부대는 식초와 불을 사용해서 얼음을 녹이는 등 온갖 수단을 동원해서 알프스를 넘는 데 성공했다고 합니다. 폴리비오스에 따르면, 한니발 부대는 보병 2만 명과 기병 4,000명 그리고 극소수의 코끼리만이 알프스 너머에 도착했다고 합니다. 그러니까 부대의 절반 이상이 궤멸한 거죠.

일단 이탈리아 반도에 들어온 한니발 부대는 천하무적이었습니다. 허를 찔린 로마 군은 반격을 시도했지만 번번이 깨지기만 했고, 반도 북부에 살던 골족은 그것을 보고 한니발 군에 합류했습니다. 한니발을 막으러 출정했던 집정관 코르넬리우스 스키피오도 전투에 패배하고 죽을 뻔했습니다. 만약 아들인 스키피오 아프리카누스가 급히 구하러 오지 않았다면 진짜 죽었을 겁니다.

다음 해인 기원전 217년 새로운 집정관 플라미니우스Gaius Flaminius, ?~기원전 217년는 토스카나에서 한니발의 부대와 격전을 치렀습니다. 플루타르코스에 따르면, 이 전투 도중에 큰 지진이 일어나서 "수많은 도시가 허물어지고, 강물의 방향이 바뀌고, 산이 무너져 내렸으나 군사들은 이것을 전혀 모른 채 싸움을 했다."고 합니다. 굉장한 싸움이었던 모양이죠? 그 결과 여기서 죽은 이가 1만 5,000명이고 포로 역시 그만한 수가 나왔습니다. 로마 군으로서는 무엇보다도 지휘자 플라미니우스가 사망한 것이 큰 손실이었지요.

그제야 정신을 차린 로마인들은 집정관을 다섯 번이나 지낸 파비우스Quintus Fabius Maximus, 기원전 275년경~203년를 독재관으로 임명했는데, 이는 올바른 선택이었습니다.

성격이 느긋하면서도 치밀한 파비우스는 한니발의 군대가 다가올 수 없는 높은 산 위에 진을 치고, 적이 움직이면 적당한 거리를 두고 따라가다가 적이 방향을 돌려 쫓아오면 달아나는 '시간 끌기' 전술을 썼습니다. 용병이 많은 한니발 부대는 시간을 끌수록 단결이 흐트러지고 보급도 어려워질 걸 파비우스는 알고 있었던 거죠.

실은 이때 파비우스의 작전이 비겁하다고 비난하는 로마인들이 많았습니다. 심지어 미누키우스Marcus Minucius Rufus. ?~기원전 216년란 자는 "파비우스는 온 이탈리아가 짓밟히고 불타는 것을 구경하기 위해서 산꼭대기에만 진을 친다."고 놀려댔지요. 하지만 파비우스는 어떤 조롱에도 굴하지 않고 일관성 있게 작전을 밀고 나갔습니다. 한니발 역시 그의 작전을 간파했지만 어쩔 수가 없었어요. 그리고 파비우스의 예상대로 큰 실수를 저지르고 맙니다.

카르타고인, 이베리아의 부족들, 골족 등 의사소통의 문제를 안고 있던 한니발 부대는 이동하던 중 전략상 극히 불리한 막다른 곳에 집결했고, 파비우스는 기회를 놓치지 않고 이들을 기습한 것입니다. 한니발 부대는 자칫하면 여기서 전멸할 뻔했으나, 한니발의 용맹과 교묘한 작전으로 겨우 사지를 빠져나오는 데 성공합니다.

이후에도 한니발은 이탈리아 전역을 초토화시키며 로마인들을 더욱 초조하게 만들었지요. 그러던 어느 날 파비우스는 신들에게 제사를 드리는 문제 때문에 로마로 귀환하는데, 그새 지휘권을 얻은 미누키우스가 파비우스의 명령을 어기고 식량을 구하러 흩어진 한니발 부대를 습격하여 전공을 올립니다. 파비우스는 미누키우스를 징계하고자 했지만 원로원의 반대로 오히려 그에게 로마 군의 절반을 맡기는 결정을 할 수밖에 없었습니다.

단 한 번 승리로 오만해진 미누키우스는 얼마 지나지 않아 한니발이 파놓은 함정에 빠져 부대가 전멸당할 위기에 처합니다. 하지만 파비우스가 재빨리 구원 부대를 보낸 덕분에 목숨을 부지할 수 있었죠. 이 일을 겪은 미누키우스는 스스로 지휘권을 내려놓고 파비우스를 '아버지'라 부르며 잘못을 뉘우칩니다.

미누키우스   파비우스

하지만 어디에나 똑똑한 이보다는 어리석은 자가 많은가 봅니다. 전쟁이 소강상태에 이르자 파비우스 대신 바로Gaius Terentius Varro. ?~?라는 성질 급한 이가 집정관으로 임명되었습니다. 그는 평소 "파비우스 같은 장군 때문에 전쟁에 진전이 없는 것이며, 내가 지휘권을 가진다면 적을 바로 쳐부수고 이탈리아를 해방시킬 것"이라 주장하던 인물이었죠. 그는 집정관에 취임하자마자 9만 명 가까운 젊은이를 소집하여 군대를 편성했습니다.

물론 파비우스의 예상대로 그 대병력도 한니발 앞에서는 추풍낙엽처럼 쓰러지고 맙니다. 이 유명한 '칸나이 전투'에서 로마 군은 사망자만 5만, 포로가 1만 4,000명에 이르는 손실을 입습니다. 이로써 한니발이 이탈리아를 실질적으로 제압했다고 봐도 과언은 아니었지요.

다만 이상한 점은 한니발이 기세를 몰아 로마를 점령하지 않은 일입니다. 플루타르코스는 이에 대해 "어쩌면 신의 힘이 그의 진군을 가로막았는지도 모를 일이다."라고 쓰고 있습니다.

아, 한니발과는 싸우지 않는 것이 상책인가

마르켈루스

한니발 군대

공포에 질린 로마는 다시 파비우스에게 기댑니다. 파비우스는 패장 바로를 따뜻하게 맞이하면서 새로이 군대를 정비하지요. 그는 한니발에 맞먹는 용감한 장수 마르켈루스Marcus Claudius Marcellus, 기원전 268년경~208년와 함께 쌍두마차처럼 화공 양면 작전을 펼칩니다. 플루타르코스는 이에 대해 "마르켈루스가 세찬 물결처럼 적의 군대를 공격하여 그들을 약하게 만들고, 파비우스는 고요한 강물처럼 조용히 파고들어 적을 허물어뜨렸습니다."라고 묘사합니다. 하지만 마르켈루스 역시 전투 중에 죽어버리고, 오로지 파비우스의 지연 전술만이 유일한 방책이었음이 증명되지요.

스키피오
아프리카누스

이 지루한 공방에 종지부를 찍은 사람은 스키피오 아프리카누스였습니다. 한니발의 '본토'인 카르타고를 직접 공격하자는 발상을 한 것입니다. 파비우스는 이 계획에 반대했습니다. 한니발의 공격력을 높이 평가한 파비우스는 이탈리아나 아프리카, 어디서든 한니발과 직접 싸우는 일은 죽음을 자초할 뿐이라고 생각했던 거죠.

스키피오는 파비우스의 방해에도 불구하고 소수의 군대를 모아 아프리카로 건너갔고, 연전연승을 거듭했지요. 그러나 파비우스는 마침내 한니발이 군대를 배에 태워 아프리카로 철수했을 때조차도 이제는 진짜 로마가 백척간두에 섰다고 걱정했습니다.

하지만 다들 아시다시피 스키피오는 기원전 202년 자마 전투에서 한니발의 군대를 완전히 격파하고 카르타고를 정복했지요. 다행인지 불행인지 한니발이 이탈리아를 떠날 즈음 파비우스는 병으로 자리에 누워 곧 세상을 뜨고 말았습니다.

스키피오는 이렇게 아프리카로 건너가서 카르타고를 정복한 공적 덕분에 스키피오 아프리카누스라는 이름으로 불리게 된 것입니다.

2차 포에니 전쟁의 결과, 카르타고는 막대한 전쟁 배상금을 물었으며 로마의 허락 없이는 함대를 10척 이상 가지지 못한다는 제약에 묶입니다. 이로써 로마는 지중해의 패권을 완전히 장악한 것입니다.

한니발은 어떻게 되었을까요? 전쟁이 끝난 후 한니발을 만난 스키피오 아프리카누스가 물었습니다. 역사상 가장 위대한 장군은 누구라고 생각하느냐고요. 한니발은 이렇게 대답했습니다. "알렉산드로스 Alexandros, 기원전 356년경~323년 대왕이 1등이고, 2등은 피로스 대왕, 그리고 3등이 나 한니발이죠." 그러자 스키피오 아프리카누스가 껄껄 웃으며 물었답니다. "만약 내가 장군을 이기지 못했다면 어떻게 대답하셨겠소?" 한니발은 너무나도 당당한 태도로 이렇게 말했습니다. "그야 물론 내가 세 번째가 아니라 첫 번째였겠지요."

스키피오는 비록 자신이 한 번도 져본 일이 없던 한니발을 꺾었지만 그를 매우 존경했습니다. 스키피오는 전투에서 승리한 후에도 매우 공손하게 그를 대했고, 휴전 협정을 맺을 때도 마찬가지 태도였다고 합니다. 로마 사람들은 그런 스키피오를 칭찬했지요.

한니발을 살려두는 것이 로마에 큰 위협이 된다고 생각한 사람도 있었습니다. 알렉산드로스의 후계자 필리포스 5세Philippos V. 기원전 238~179년로부터 그리스를 해방시킨 로마의 또 다른 영웅 플라미니누스는 불덩어리 같은 한니발을 살려두면 언젠가는 또다시 로마가 화를 입을 거라고 확신했죠. 그는 은퇴한 한니발에게 자객을 보냈고, 한니발은 독약을 먹고 자살하고 맙니다.

2차 포에니 전쟁이 끝나고 50년 후에 일어난 3차 포에니 전쟁기원전 149~146년은 마치 에필로그 같은 것이었습니다. 2차 포에니 전쟁의 휴전 조건이 카르타고의 군대를 해체하는 것이었으니 제대로 된 전투가 벌어질 수가 없었지요. 그래서 전투는 로마 군이 카르타고 성을 공략하는 공성전으로 시작해서 공성전으로 끝났다고 봐야 합니다. 다만 카르타고가 이 공성전을 3년이나 버틴 것은 거의 기적이라고 해도 과언은 아닙니다.

그리스의 영웅이 된
로마인
플라미니누스

알렉산드로스 시대 이래 로마는 문화적으로 늘 그리스의 영향권에 있었습니다. 그리스 철학·문학·신화 등이 별 저항 없이 로마로 들어 왔고, 로마 사람 중에는 그리스어를 배운 사람도 많았습니다.

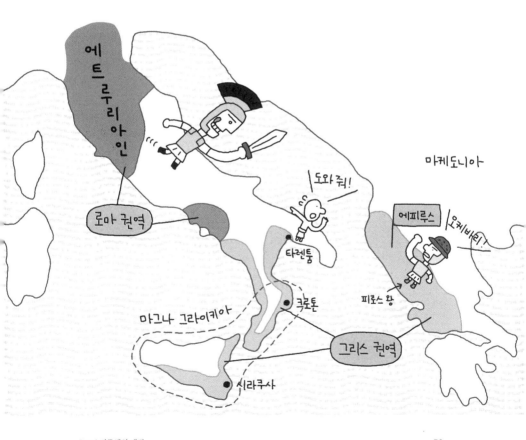

역사적으로 로마와 그리스는 크게 싸운 적도 없어요. 심지어 세계를 정복하고 싶어 하던 알렉산드로스 대왕도 동쪽만 정복하고 서쪽으로는 눈길을 돌리지 않았습니다.

하지만 로마는 성장하면서 이탈리아 반도에 있는 일부 그리스 도시국가를 만만한 먹잇감으로 보기 시작합니다. 기원전 282년 로마인들은 이탈리아 반도 남부에 있는 그리스 도시국가 타렌툼Tarentum과 다투기 시작하지요. 그러자 전력이 부족하다고 느낀 타렌툼은 에피루스Epirus의 왕 피로스에게 도움을 청합니다.

한니발이 알렉산드로스 다음이자 자신보다 위라고 평가했던 대장군 피로스는 보병 2만 명과 기병 3,000명에 코끼리 20마리를 이끌고 이탈리아로 넘어옵니다. 로마인들이 코끼리라는 동물을 처음으로 본게 이때라고 하지요.

피로스는 몇 번의 전투에서 승리하지만 손실도 매우 컸습니다. 그래서 아스쿨룸Asculum 전투 이후 부하가 승리했다고 보고하자, "우리

가 한 번만 더 이기면 우리 나라가 망할 거야."하고 대답했다고 하지요. 그래서 서양에서는 이겨도 이긴 것 같지 않게 손실이 클 때 '피로스의 승리Pyrrhic victory'라는 표현을 쓰곤 합니다.

그 후 기원전 275년 피로스는 교착상태의 전황을 뒤로하고 그리스로 돌아가고 말았습니다.

로마와 그리스가 맞붙은 최초의 전쟁을 꼽으라면, 바로 피로스 군과의 전쟁이었습니다. 하지만 에피루스는 '그리스'라고 보기에는 아주 일부에 불과했지요.

그리고 한참 동안 로마는 카르타고와 싸운 포에니 전쟁으로 바빴는데요. 의외로 2차 포에니 전쟁이 끝나자마자, 로마는 알렉산드로스의 먼 후계자 중 하나인 마케도니아의 필리포스 5세와 그리스의 지배권을 놓고 다투게 됩니다.

기원전 200년경 마케도니아의 필리포스가 소아시아를 침입해 사모스와 밀레토스를 점령하자 이에 불안을 느낀 페르가몬과 로도스는 로마에 구원을 청합니다.

사실 로마와 필리포스는 이전에도 한번 전쟁을 벌인 일이 있습니다. 기원전 214년에서 기원전 205년 사이, 그러니까 아직 한니발이 이탈리아 반도에 있을 때 필리포스가 카르타고 편을 들어 전쟁에 개입했었거든요. 당시에는 결국 서로 득이 없음을 깨닫고 휴전에 합의했지요.

그런데 이번에는 사정이 좀 달랐습니다. 로마는 이제 막 떠오르는 해와 같은 기세였거든요.

이참에 지중해 동쪽까지 평정해야 하지 않겠어요?

티투스 플라미니누스

　로마의 새 집정관 플라미니누스는 서른이 채 안 된 젊고 야심찬 청년이었습니다. 게다가 지략까지 출중해서 대對 마케도니아전의 지휘관으로는 안성맞춤이었죠.

　이 전쟁에서 필리포스를 먼저 상대한 로마의 지휘관은 갈바Publius Sulpicius Galba Maximus, 기원전 3세기경~2세기경였습니다만, 그는 시간을 때우는 지연 전술로 이렇다 할 전투를 벌이지 않았지요. 하지만 기원전 198년 전장에 투입된 플라미니누스는 달랐습니다.

　일단 전투에 돌입한 플라미니누스의 부대는 필리포스를 쥐 잡듯 몰아서 그리스 땅에서 내쫓아버린 것입니다. 그런데 플라미니누스 부대의 더 놀라운 점은 바로 그리스인을 대하는 태도였습니다.

　당시 군대가 이동할 때는 보통 보급을 위한 약탈이 뒤따랐습니다. 하지만 플라미니누스 부대는 마치 어려운 지인 집에 찾아온 손님처럼 그리스인들에게 최대한 폐 끼치지 않으려 노력하면서 움직였던 것입니다. 반면 필리포스의 부대는 패주하면서 그리스인의 재산을 약탈했지요.

심지어 테베를 점령한 플라미니누스는 마치 자신이 도시 전체를 좌지우지할 수 있다는 사실을 모르는 듯이 시민들 앞에 나서서 로마군을 지지해 달라고 간곡히 호소했습니다.

이러면서 플라미니누스는 그리스인의 마음을 사로잡아 나갔지요. 오래전 에피루스의 피로스 왕은 산 위 망루에서 질서 있게 행군하는 로마 군을 내려다보고 감탄하면서 신하에게 이렇게 말했다고 합니다.

기원전 197년 키노스케팔라이Cynoscephalae 전투에서 로마 군은 필리포스 군대를 패퇴시키고 전쟁을 끝냅니다.

당시 마케도니아의 밀집 전투 부대 팔랑크스Phalanx는 천하무적 방어 대형으로 유명했는데, 마치 오늘날의 탱크 같은 위력으로 적진을 유린했다고 합니다. 그러나 마케도니아의 팔랑크스가 가장 위력을 발휘하는 곳은 사방이 평평한 평야 지대였고, 키노스케팔라이의 지형은 고르지 않은 산악 지대였지요. 팔랑크스가 위쪽에서 아래로 돌진할 때 그 기세는 무서웠지만, 플라미니누스 군이 팔랑크스의 측면을 공격하여 대형을 무너뜨리자 전투는 쉽게 끝났습니다.

그리스에서 이 전쟁 후에도 몇몇의 사소한 분쟁이 있었지만 대세는 이미 결정 난 뒤였습니다. 로마가 그리스에서 마케도니아를 제치고 우선권을 확보한 것입니다. 하지만 플라미니누스의 로마는 그리스에서 필리포스를 몰아냈지만, 적어도 표면적으로는 그리스에 대한 로마의 권리를 전혀 주장하지 않았습니다. 로마는 그리스인의 자율권을 완벽하게 보장하면서 선린 관계를 맺었고, 이 과정에서 가장 큰 역할을 한 플라미니누스는 로마뿐 아니라 그리스에서도 가장 유명한 영웅이 되었습니다.

이로써 로마는 지중해의 서쪽과 동쪽을 모두 아우르는 유럽의 최강자로 등극합니다.

몸젠의 『로마사』

리델 하트의 『스키피오 아프리카누스』

몸젠의 『로마사』

기번이 『로마제국 쇠망사』로 로마사의 '뒷부분'을 정리했다면, 로마
사의 '앞부분'을 대표하는 책은 몸젠Theodor Mommsen, 1817~1903년의 『로
마사The History of Rome』입니다. 이 책에서 몸젠은 기원이 불분명한 고
대로부터 씨족연합체를 거쳐 왕정이 성립되고, 그 왕정
이 무너진 후 공화정이 탄탄하게 자리 잡고 지중해의
패권을 장악할 때까지의 역사를 꼼꼼하게 그려냈습
니다.

『로마사』의 전반부는 고대 로마의 기본적인 제도와
문화가 어떻게 형성되었는가에 초점을 맞추고 있
습니다. 몸젠은 로마 정치제도에 대해 서구
사회도 근대에 들어와서야 겨우 이룩한
("시민은 고문할 수 없다."라는 원칙으로
표현되는) 개인의 기본권에 대한 인식과
통치권의 근거는 전체 인민에 있다는 생
각이라고 말합니다. 즉 로마는 왕정 체제

몸젠, 1870년경

일 때도 서구의 절대왕정과는 다른, 한편으로는 인민과 왕과의 가상적인 계약 즉 법률에 기초한 공화정적 성격을 가미한 왕정이었습니다. 그리고 민회와 원로원 등으로 표현되는 이 공화정적 성격은 이후 로마가 제국으로 변모하고 마침내 로마가 완전히 멸망할 때까지도 형식적인 힘을 발휘합니다. 최초의 로마황제 아우구스투스는 자신을 제1시민Princeps으로 칭했고, 그 이후의 황제들은 모두 자신을 '아우구스투스'라 칭했습니다.

몸젠은 왕정 시대의 제도와 왕정이 폐지되고 공화정이 수립되는 과정, 그리고 우리에게 익숙한 집정관, 호민관, 정무관 등이 등장하는 공화정의 체계에 대해서도 상세하게 설명하는데요. 여기서 재미있는 점은, 공화정 수립에 관한 종래의 이론(혹은 이야기)을 부정하는 주장입니다. 즉 몸젠은 로마인들이 믿고 있던 "브루투스의 조상이 주동하여 왕정을 타도하고 공화정을 수립했다."는 이야기는 전설에 지나지 않는다고 주장합니다.

기원전 510년경 로마가 공화정을 수립한 후 가장 처음 맞이한 큰 사건은 '의외로' 페르시아 전쟁이었습니다. 페르시아가 그리스를 상대로 싸운 전쟁에 이탈리아 반도와 카르타고, 페니키아 등도 함께 말려들었던 것입니다. 그 후 펠로폰네소스 전쟁 때 역시 로마는 간접적인 영향을 받습니다. 몸젠의 저서를 읽으면 로마의 고대사가 그리스의 고대사와 긴밀하게 맞물려서 발전했다는 사실을 할 수 있습니다. 그리고 훗날 알렉산더가 한없이 동진한 덕분에 로마는 그리스에 복속되는 것을 피했다고 할 수도 있습니다. 그 대신 로마가 결국 그리스를 지배하게 되었습니다.

로마가 지중해를 지배하는 데 가장 결정적인 계기가 된 사건은 역시 카르타고를 상대로 치른 세 차례의 포에니 전쟁입니다. 몸젠은 왕정의 폐지에서 이탈리아의 통일에 이르는 기나긴 묘사 이후, 그보다 더욱 자세하게 포에니 전쟁의 시작과 끝을 기술합니다. 독자 여러분은 이 책에서 이미 세 차례에 걸친 포에니 전쟁의 전개과정을 보았을 것입니다. 하지만 몸젠은 전쟁과 휴전 기간 중의 카르타고와 로마의 정치 상황과 아프리카와 히스파니아에 있는 로마 및 카르타고의 동맹국들의 상황, 그리고 서로 간의 관계가 변화하는 과정까지 치밀하게 묘사하고 있습니다. 다시 말해 포에니 전쟁을 제대로 알고 싶다면 몸젠의 작품을 읽는 것이 필수라는 뜻입니다.

필자의 개인적인 판단으로는 이미 찬란한 한니발의 명성이 더욱 높아진 데는 몸젠의 역할도 있다고 생각합니다. 아래 소개할 책『스키피오 아프리카누스』의 저자 리델 하트는 "한니발을 물리친 스키피오 아프리카누스에 대한 상대적인 저평가"에는 몸젠의 탓도 있다고 보는데요. 사실 몸젠은 스키피오의 주요 성공담인 카르타헤나(현재의 스페인 동해안에 있던 카르타고의 도시) 정복도 실은 지나치게 무모한 작전이었으나 '넵튠과 합작으로(행운 덕분에)' 성공할 수 있었다고 평가합니다. 하지만 그 외에는 전쟁 기술 전체를 통해 이 젊은 장군에 대한 칭찬을 거두지 않는다는 점을 고려할 때, 리델 하트의 지적은 좀 과한 측면이 있다고 봅니다.

몸젠은 이 책으로 1902년 노벨 문학상을 타기도 했습니다. 엉뚱하게 웬 문학상이냐구요? 스웨덴 한림원은 가끔 통상적인 '문학'과는 좀 거리가 있는 작품에도 문학상을 주더군요. 2016년에는 '가수' 밥 딜런이 노벨 문학상을 타기도 했잖아요.

로마를 세계 최강으로 만든 장군들 중 가장 위대한 이는 누굴까요? 당장 떠오르는 이름은 카이사르입니다. 하지만 스키피오 아프리카누스가 없었다면 카이사르도 없었다고 확신할 수 있습니다.

니콜라 푸생, 「스키피오의 숭고한 업적」, 1640년

코끼리 부대를 이끌고 알프스를 넘어 이탈리아를 유린한 한니발의 명성이 워낙 높아 좀 가려진 느낌이 없지 않습니다만 결국 전쟁에 승리한 사람은 스키피오였습니다. 『스키피오 아프리카누스*Scipio Africanus*』는 바로 그 영웅, 스키피오의 일대기를 다룬 책입니다.

리델 하트Basil Henry Liddell Hart, 1895~1970는 특히 스키피오 아프리

카누스의 전략적 측면에 초점을 맞추어 그의 생애를 돌아보는데요. 한니발은 전략의 대가였지만, 스키피오 역시 그에 못지않은 전략가였습니다. 게다가 스키피오는 한니발보다 불리한 조건에서도 그를 물리쳤다는 것이 리델 하트의 판단입니다. 그래서 저자는 스키피오가 실은 한니발뿐 아니라 후대의 카이사르나 나폴레옹보다도 더 뛰어난 전략의 대가라고 말합니다.

저자는 스키피오의 가계와 어린 시절을 간단히 언급한 후, 바로 젊은 장군 스키피오가 로마군을 이끌고 카르타고인들이 지배하던 히스파니아(스페인)의 연안 도시 카르타헤나를 침공하는 장면부터 묘사합니다. 히스파니아를 평정하지 않고는 카르타고를 제압할 수 없다고 판단한 스키피오는 카르타헤나의 강고한 성벽을 피해, 가장 썰물이 크게 일던 날 밤에 도시를 기습적으로 공격하여 점령합니다.

이 교두보를 바탕으로 히스파니아와 아프리카에 있는 카르타고의 동맹군들을 하나씩 격파한 스키피오는 마침내 원로원에 아프리카 진공작전을 제의합니다.

흔히 한니발은 본국의 지원 없이 알아서 잘 싸웠지만 스키피오의 뒤에는 로마 원로원의 전폭적인 지원이 있었다는 오해(?)가 있는데요. 실은 오히려 그 반대에 가깝다는 게 리델 하트의 주장입니다. 로마의 원로원은 지연전술의 대가 노장 파비우스를 중심으로 반反 스키피오파가 대세였으며, 스키피오는 오직 전과를 찬양하는 민중들의 지지 덕분에 자기 뜻대로 작전을 펼칠 수 있었다는 것입니다. 원로원의 견제 때문에 아프리카 원정을 떠나는 스키피오가 동원할 수 있었던 병사들마저 칸나이 전투의 패잔병들이 주류가 되었다고 합니다. 그러나 스키피오는 패배의식에 젖어 있던 노장들의 사기를 끌어올리고 아프리카에서 동맹군을 얻어내는 외교에 성공하면서 한니발을 맞이할 준비를 마칩니다.

저자는 로마와 카르타고의 운명을 가른 '자마 전투'를 세계 최고의 장군(한니발)이 그보다 더 뛰어난 장군(스키피오)을 만난 전투였다고 묘사하고 있습니다. 한니발의 코끼리 부대를 쳐부수는 스키피오의 신묘한 전술을 읽다보면 마치 이 전투를 바로 옆에서 관전하는 느낌이 들 정도입니다. 이 점도 이 책이 '고전'은 아니지만 로마사에 관심 있는 독자들에게 주저하지 않고 권할 수 있는 이유 중 하나입니다.

몸젠의 『로마사』에서 로마-카르타고 전쟁과 자마 전투 부분을 읽은 독자도 이 책을 다시 읽어보라고 권하고 싶습니다. 몸젠의 묘사와 리델 하트의 묘사가 어떻게 다른 지 곰곰이 따져보는 것도 재미있습니다.

참고로 마키아벨리는 『로마사 이야기』에서, 로마의 민중이 망은忘恩한 유일한 경우로 스키피오를 들었습니다. 그는 "로마가 스키피오에게 배은망덕한 처사를 한 것은, 이 위인이 천하에 이름을 떨치자, 지금까지 어떤 시민도 그만한 명성을 누린 적이 없었기 때문에 시의심이 일어난 결과라고 할 수 있다."고 쓰고 있습니다.

Part 3

공화국에서 제국으로

율리우스 카이사르,
로마 제국의 아버지

율리우스 카이사르와 그의 암살 이야기는 너무나 유명하지요. 역사서뿐 아니라 영화나 드라마 등 대중문화의 소재로도 많이 쓰여서 많은 사람이 기본적인 줄거리는 알고 있을 겁니다. 로마 공화정 말기에 카이사르가 폼페이우스Magnus Gnaeus Pompeius, 기원전 106~48년, 크라수스Marcus Licinius Crassus, 기원전 115년경~53년 등의 경쟁자들을 물리치고 최고 권력을 차지하지만, 시기하던 무리들이 원로원에서 그를 칼로 찔러 암살했지요.

그 후 카이사르의 측근 안토니우스와 양아들 옥타비아누스가 암살의 주범 브루투스와 카시우스를 처단했고, 이어지는 권력 다툼 끝에 옥타비아누스가 로마의 지배자가 되는 걸로 이야기가 끝납니다.

그런데 이 책에서는 이야기의 배경과 인물들 그리고 경과를 조금 더 상세하게 살펴볼 생각입니다. 사실 바로 위의 짧은 요약으로는 전하기 어려운 재미있고 의미있는 내용들이 많거든요.

카이사르가 활동하던 시기는 로마라는 나라가 지금의 프랑스를 포함한 골족을 복속시켜 공화국으로서는 가장 강성했던 시절이며, 다른 한편으로는 공

율리우스 카이사르의 흉상,
나폴리 국립고고학박물관

화국에서 황제가 다스리는 제국으로 이행하던 시기이기도 합니다. 다시 말해 소위 '로마의 전성기'는 카이사르의 유산이라고 할 수 있지요.

때는 기원전 50년, 로마는 포에니 전쟁 이래 지중해의 패권을 장악하고 경제적으로는 풍요를 이루었지만, 정치적으로는 최악의 혼란 상황에 처해 있었습니다. 소위 '삼두정치三頭政治'의 한 축이던 크라수스가 사망한 후, 나머지 두 사람인 폼페이우스와 카이사르가 로마의 지배권을 놓고 대립하고 있었기 때문이지요.

로마는 오랫동안 비교적 민주적인 공화정을 유지해왔지만, 수십 년 전 마리우스Gaius Marius, 기원전 157년경~86년와 술라Lucius Cornelius Sulla, 기원전 138년경~78년가 차례로 쿠데타를 일으켜 전제권력을 행사한 이래, 실제로는 유력자 몇 명이 정치를 좌지우지하고 있었습니다.

당시 폼페이우스는 로마에 있었지만 카이사르는 갈리아에서 정복 사업을 하다가 집정관 임기의 끝을 맞았습니다. 그러자 원로원을 장악한 폼페이우스는 카이사르에게 군대를 해산하고 로마로 귀환할 것을 명령합니다. 카이사르는 그 말대로 따랐다가는 자신의 정치 생명 혹은 진짜 생명을 잃을 가능성이 매우 높다고 보고, 군대를 해산하지 않은 채 그대로 루비콘강을 건너 로마로 돌아옵니다.

당시 로마법에 따르면, 장군이 로마로 들어올 때 루비콘강을 건너기 전에 무장을 해제해야 했고, 만약 무장한 채 강을 건넌다면 모반으로 간주되었습니다.

카이사르는 이때, "주사위는 던져졌다."라는 유명한 말을 남겼다고 하지요. 요즘도 돌이킬 수 없는 중요한 일을 했을 때 주로 쓰는 말입니다. 비슷한 맥락에서 "루비콘강을 건넜다."는 표현도 씁니다.

카이사르가 실제로는 '주사위를 높이 던져라!'라고 했다는 주장도 있습니다. 자신의 미래는 자신이 만들겠다는 좀 더 능동적인 의미가 들어 있다고 하겠죠.

일단 루비콘강을 건넌 카이사르는 로마까지 거침없이 진군합니다. 이로써 이탈리아 반도에서 소아시아를 돌아 아프리카 북부와 스페인까지, 한편으로는 카이사르 그리고 다른 한편으로는 폼페이우스를 중심으로 로마의 모든 세력이 둘로 나뉘어 사상 최대의 내전을 치르기 시작합니다.

카이사르와 폼페이우스의 전쟁은 말이 내전이지, 유럽과 아시아와 아프리카에 걸쳐 전투를 치렀으니 사실상 세계대전이나 다름없었습니다.

결론부터 말하면 카이사르가 승리합니다. 보다 상세한 경과를 알고 싶다면 플루타르코스의 『영웅전』과 카이사르의 『내전기*The Civil War*』를 참조하거나, 카이사르 전기를 읽어보세요.

전 로마인이 편을 갈라 세계를 무대로 싸웠으니 그 손실은 엄청났습니다. 로마시만 봐도 전쟁 전에는 인구가 32만이었는데 전후에 다시 인구조사를 해 보니 15만으로 줄어 있었다고 하지요.

왕이 되고 싶었던
카이사르

이런 상황에서 카이사르는 내전으로 갈라진 민심을 통합하기 위해 온 힘을 기울입니다. 반대편 사람들을 모두 용서했을 뿐 아니라, 브루투스 같은 인재는 아예 측근으로 삼아 후한 대접을 하지요.

원래부터 카이사르는 마음이 넓기로 소문난 사람이었는데요. 그는 내전 중이나 그 후나 내 편이건 적이건 가리지 않고 온건하고 관대하게 대했습니다. 이 점이 폼페이우스와 확실히 달랐다고 합니다.

로마의 대중도 카이사르의 이런 도량을 좋아했는데요. 사실 그는 예전부터 남자답게 통이 크기로 유명했습니다. 로마인이든 외국인이든 패배한 적을 배려하기로는 카이사르처럼 관대한 사람이 없었고, 자기는 로마 시민을 무서워할 필요가 없다는 것을 과시하듯이 평소 경호원도 없이 혼자서 다녔지요. 하지만 결과적으로 보면 브루투스를 가까이 둔 것은 큰 실수였습니다.

내전에서 승리한 카이사르는 기원전 46년, 독재관의 임기 규정을 바꿔버립니다. 10년 임기의 독재관으로 취임한 그는 실질적으로 왕과 같은 권력을 손에 넣지요. 물론 10년 뒤엔 임기를 갱신하든지 아니면 차라리 그 전에 왕좌에 오르든지 했겠지요.

실제로 축제 도중에 로마 시민이 보는 가운데 안토니우스가 카이사르에게 왕관을 바치는 퍼포먼스를 한 적이 있습니다. 카이사르는 그 왕관을 거절하는데, 그러자 안토니우스가 다시 왕관을 바치죠. 카이사르는 세 번이나 이 왕관을 거절합니다. 그때마다 군중은 환호성을 질렀고요. 카이사르가 속으로 무슨 생각을 했는지 대충 짐작이 가시죠?

카이사르는 로마의 평민들을 무시할 수 없었습니다. 사실 그가 정권을 장악할 수 있었던 이유는 갈리아 지방에서 많은 업적을 쌓은 것도 있지만 무엇보다도 로마의 민심을 얻는 데 성공했기 때문이거든요. 그가 정치적 위기에 빠질 때마다 결국 그를 구해준 것도 로마의 평민들이었지요.

그는 정치에 입문하고부터 많은 빚을 내가면서도 평민들이 좋아하는 검투사 경기나 전차 경주 등을 개최했고, 늘 평민의 입장에서 정책을 내놓았습니다.

카이사르는 무엇보다도 거의가 평민 출신인 군대의 압도적인 지지를 얻고 있었습니다. 그는 늘 앞장서서 모범을 보이는 지휘관이었거든요.

카이사르의 체력이 약하다는 건 모두가 아는 사실이었는데요. 그는 원래 작은 체구에 부드럽고 고운 피부를 지녔고, 지병으로 만성 두통과 간질까지 앓고 있었습니다. 하지만 그는 힘든 행군이나 초라한

우씨~
떨어지지도 않고
잘 타네.

카이사르

클레오파트라, 잘 지내오?
보고 싶구려.
물론 카이사리온도 보고 싶다오

타다닥

식사를 마다하지 않았고, 길에서 자도 불평하지 않았지요. 카이사르가 유일하게 뛰어났던 군사 기술은 말 타기였다고 합니다.

클레오파트라와 카이사리온

이집트를 정복한 카이사르는 곧바로 클레오파트라와 사랑에 빠졌고, 그녀는 카이사르의 아들 카이사리온Caesarion을 낳습니다. 카이사리온은 프톨레마이오스 왕조 최후의 왕이 되지만, 후일 클레오파트라와 안토니우스가 손잡은 군대가 옥타비아누스 군대에게 패배한 후 살해당합니다.

카이사르,
서민의 영웅

카이사르는 '집권'하자마자 권력을 강화하는 동시에 이른바 '서민 정책'을 잇달아 내놓습니다. 제대병들에겐 토지를 배분하고, 요즘으로 치면 '추곡 수매' 비슷한 정책도 시행하고, 달력을 정비하고('July'가 율리우스 카이사르의 이름에서 따온 건 아시죠?), 치안을 강화하고, 공공건물을 짓고, 교육·의료·사법·금융 등 모든 분야에서 개혁을 추진하여 서민들 삶을 개선해 주었지요. 심지어 교통 정책도 손봐서 로마 거리가 마차들의 체증에서 벗어납니다.

카이사르는 'PR(Public Relation)'이 무엇인지 아는 사람이었습니다. 앞서 이야기했듯 그는 정계에 입문한 초기부터 자기 돈으로 검투사 경기 등을 개최해서 민중에게 이름을 알렸지요. 권력을 잡은 곳마다 자신의 조각상을 세웠을 뿐만 아니라, 동전에 자기 얼굴을 그려 넣는 등 홍보를 게을리 하지 않았습니다.

평소 카이사르가 패배한 적에게 관대하게 대한 것도 일종의 '홍보 전략'일 수 있습니다. 그는 숙적 폼페이우스의 시체를 마주하곤 눈물을 흘렸고, 누군가가 쓰러뜨린 폼페이우스의 조각상을 직접 일으켜 세우기도 했지요. 날카로운 문장가 키케로Marcus Tullius Cicero, 기원전 106~43년는 그 속마음을 간파했습니다.

이제 로마는 오랜 동안의 혼란을 끝내고 안정을 얻은 듯 보였습니다. 하지만 불안은 보이지 않는 곳에 숨어 있었습니다.

카이사르의 모습이 새겨진 로마 시대의 주화

어쨌거나 로마는 오랜 공화정 전통을 지닌 나라였거든요. 로마는 기원전 5세기경부터 거의 500년에 걸쳐 귀족과 평민이 직접 투표로 지도자를 뽑아왔던 나라고, 로마 시민들은 본능적으로 왕정이나 전제정치를 싫어했습니다. 물론 '독재관'이란 제도가 있긴 했지만, 그건 위기상황에서나 잠깐 활용하는 비상 조치였지, 카이사르처럼 종신제로 써먹으라고 만든 제도가 아니었어요.

키케로

키케로는 공화정기 로마를 대표하는 웅변가이자 정치가입니다. '로마' 하면 떠오르는 지식인이라고 해도 과언이 아닙니다. 그는 플라톤철학을 공부했으나 스토아철학에도 정통했고, 재무관, 집정관 등 로마의 주요 관직을 모두 섭렵했으며, 카이사르에서 아우구스투스까지 이어지는 내전에도 정치적으로 중요한 역할을 했습니다. 안토니우스와 대립하다가 안타깝게도 암살당하고 말았습니다.

그는 라틴어를 완성한 문장가이기도 합니다. 중세 이래 서구 지식인들은 키케로의 라틴어 문장을 읽으면서 공부했고, 자라서는 키케로의 문장에 버금가는 문장을 쓰려고 노력했습니다. 우리나라에도 『의무론De officiis』, 『노년기에 대해서』 등 키케로의 책이 몇 권 번역되어 있습니다.

카이사르는 늘 왕관에는 뜻이 없다고 말했지만, 그의 야심을 알 만한 사람은 다 알았습니다. 빈정거리기 좋아하는 시니컬한 키케로는 이제 날짜도 카이사르의 법에 따라 바꾼다며 투덜거렸지요.

카이사르도 겉으로는 왕좌에 관심 없는 척하면서, 뒤로는 부하들을 시켜 신탁을 들먹이며 로마는 왕의 통치를 받아야 파르티아를 정복할 수 있다는 소문을 퍼뜨리고 다녔습니다.

브루투스는
카이사르의
숨겨진 아들?

이런 상황에서 브루투스는 고민에 빠질 수밖에 없었습니다. 그는 원래부터 정의감이 강한데다가, 그 자신이 바로 군주제를 폐지하고 로마 시민에게 권력을 돌려준 루키우스 브루투스의 직계 후손이었거든요. 게다가 그의 어머니 세르빌리아 역시 스푸리우스 마일리우스란 악당이 왕이 되려 했을 때 그를 칼로 찔러 죽인 영웅 세르빌리우스 아할라의 후손이었습니다. 그러니까 브루투스의 양쪽 부모가 모두 로마 공화정을 이룩하는 데 결정적 역할을 한 영웅들의 후손이었던 거죠.

　브루투스는 오래전부터 플라톤철학을 공부해온 똑똑한 사람이었습니다. 당연히 카이사르의 의도를 잘 알고 있었지요.
　그는 박식했을 뿐 아니라 고결한 인격과 높은 지조를 지닌 사람이었습니다. 그런데 지난 내전에서 폼페이우스 편을 들었던 자신을 카이사르는 용서했을 뿐 아니라, 자질을 높이 사고 좋은 직책을 주었습니다. 그 때문에 브루투스는 카이사르를 배신할 수는 없다고 생각했습니다.
　카이사르는 정적들을 관대히 대했지만, 정적들도 카이사르를 용서하지는 않았습니다. 폼페이우스 편이던 자들 중에는 여전히 카이사르에게 앙심을 품은 이들이 많았어요. 그중에서도 카시우스는 유별났습니다.

그는 브루투스가 승낙할 때까지 집요하게 그를 설득했습니다. 왜냐하면 카시우스가 거사를 위해 모은 동지들이 다들 "브루투스가 한다면 나도 하겠다."고 단서를 달았기 때문입니다. 카이사르 암살을 정당화하기 위해선 꼭 브루투스가 필요하다고 생각했으니까요. 그만큼 브루투스는 로마 민중에게 신망이 높았습니다.

브루투스가 음모에 참여하겠다고 선언하자 그의 이름만 듣고도 많은 이들이 동참했습니다. 그러자 당연히 비밀이 조금씩 새어나가기 시작했지요. 하지만 카이사르는 브루투스에 대한 소문을 믿지 않았습니다. 브루투스의 성품으로 볼 때 권력을 잡기 위해 자기를 해칠 리가 없다고 믿었던 거죠.

사실 카이사르는 예전부터 이상하다 싶을 만큼 브루투스를 아끼긴 했습니다. 심지어 폼페이우스 군대와 싸울 때도 부하 장교들에게 브루투스만은 죽이지 말고 생포하라고 특명을 내릴 정도였으니까요.

여기에는 '믿거나 말거나' 뒷이야기가 있는데요. 실은 카이사르는 브루투스가 자신의 아들일지 모른다고 생각했다는 거죠.

브루투스의 어머니인 세르빌리아는 젊은 시절 카이사르와 각별한 사이였습니다. 브루투스가 태어난 것도 그 시절이었고요. 그러니 카이사르가 그런 생각을 한 것도 무리는 아닌 듯합니다. 카이사르는 심지어 자신의 유언 집행자로 심복인 안토니우스와 함께 브루투스를 지정해놓을 정도였습니다.

한때 로마를 뒤엎으려는 카틸리나Lucius Sergius Catilina. 기원전 108년경 ~62년란 자의 음모로 원로원이 시끌벅적했을 때, 카이사르는 브루투스의 삼촌이자 세르빌리아의 오빠인 카토(소小 카토)로부터 적들과 내통한다는 의심을 받았습니다.

원로원 회의 도중 카이사르는 어디선가 날아온 쪽지 한 장을 받았는데 카토는 그것이 카틸리나 일당이 보낸 은밀한 편지라고 주장했죠. 그러자 카이사르는 쪽지를 카토에게 넘겨주었는데, 그것은 바로 카토의 누이 세르빌리아가 보낸 연애편지였습니다. 그녀와 카이사르의 사랑은 그때까지도 이어지고 있었던 것입니다.

운명의 그날

드디어 기원전 44년 3월 15일 거사일, 카이사르는 원로원에 가기 위해 집을 나섰습니다. 이미 점쟁이가 무서운 일이 일어난다고 카이사르에게 경고한 그날이었습니다. 마침 카이사르의 아내 칼푸르니아도 지난밤 꿈자리가 사나웠다며 그에게 외출하지 말라고 애원했습니다. 하지만 카이사르는 그 말을 무시하고 길을 나섰지요. 그는 원로원으로 가다가 우연히 그 점쟁이를 만났습니다.

카이사르는 안토니우스를 데리고 원로원 안으로 들어가려 했는데, 마침 음모자 가운데 하나인 브루투스 알비누스가 안토니우스를 붙잡고 잡담을 시작하는 바람에 혼자서 들어갑니다.

그가 들어오자 원로원 의원들이 모두 일어서 존경을 표했지만, 음모자 몇몇은 그 곁으로 가까이 다가갔습니다. 그중 틸리우스 킴베르란 인물이 카이사르의 겉옷을 확 잡아당겼고 그것이 바로 신호였습니다. 이어서 음모자들의 칼이 스물세 번이나 카이사르의 몸에 상처를 냅니다. 카이사르는 브루투스가 단검을 들고 다가오는 것을 보자 비로소 저항을 멈추었다고 합니다.

실은 카이사르가 죽는 순간 이 말을 했다는 증거는 없습니다. 훗날 셰익스피어William Shakespeare, 1564~1616년가 비극 작품 『줄리어스 시저 Julius Caesar』에서 이 대사를 써서 유명해진 문장이죠. 사실 철저하게 신뢰하던 인물이 배신했을 때 쓸만한 말로 이만큼 적당한 말도 없는 것 같습니다.

이로써 카이사르는 56세의 나이로 생을 마감합니다. 폼페이우스를 꺾고 지중해의 지배자인 로마의 실질적 정상이 된 지 4년이 조금

넘은 때였죠. 그는 평생 최고의 권력을 잡기 위해 수많은 위험을 무릅쓰고 노력해서 간신히 권력을 잡았지만, 그 권력은 그의 옆에 고작 4년밖에 머무르지 않았던 것입니다.

하늘은 카이사르를 아꼈나 봅니다. 그가 죽은 후 7일 동안 하늘에는 커다란 별이 나타났다가 사라졌다고 합니다. 그리고 태양빛이 희미해지더니 1년 내내 빛을 잃었습니다.

카이사르 암살 직후, 잠시 혼란이 발생했지만 일은 의외의 방향으로 흘러갑니다. 브루투스와 동지들은 피 묻은 칼을 들고 카피톨리노 언덕으로 올라가서 시민들에게 자유를 되찾았다는 소식을 전했습니다. 그런데 시민들 반응이 영 뜨뜻미지근한 겁니다. 위협을 느낀 음모자들은 그 자리에서 해산하고 말았습니다.

다음날 원로원에서는 일을 수습하기 위해 브루투스 측과 안토니우스 측 그리고 여타 의원들이 회의를 한 끝에 카이사르의 죽음은 마치 없었던 것처럼 처리하고, 남은 사람들이 뒷수습을 하기로 결정했습니다.

그 외에 카이사르의 유서와 장례 문제를 처리하는 데에는, 안토니우스가 카이사르의 유서를 공개하고 그 장례를 성대하게 치를 것을 제안했습니다. 카시우스는 반대했지만 브루투스가 안토니우스에게 양보하고 말았지요.

실은 음모자들 중에는 카이사르를 죽일 때 심복인 안토니우스도 해치워야 한다고 주장한 사람이 적지 않았습니다. 하지만 온화한 브루투스는 최소한의 희생으로 왕정만 막자고 주장하여 없던 일이 되었는데, 결국은 그것이 음모자들의 가장 큰 패착이었습니다.

장례식의
대반전

바로 이 장례식에서 일어난 일이 사건 참여자들의 운명을 가르는데
요. 셰익스피어는 특유의 유려하고 치밀한 문장으로 이 날의 사건을
가상으로, 그러나 매우 그럴듯하게 재현하는데 성공합니다.

『줄리어스 시저』(줄리어스 시저는 율리우스 카이사르의 영어식
발음)의 장례식 장면에 나온 대사들은 그 후 수세기 동안 마치 실제
일어난 일처럼 서구 지식인들이 즐겨 암송하는 내용이 되었습니다.

먼저 브루투스가 장례식에 모여든 로마 시민을 앞에 두고 연설합
니다. 좀 길지만 인용해 보겠습니다.(구텐베르크 프로젝트의 셰익스
피어 판본『줄리어스 시저』3막 2장에서 인용합니다. 참고로 요약
을 위해 일부는 줄이고 순서도 재배열했고, 굵은 글씨로 강조도 했습
니다.)

로마 시민 여러분, 사랑하는 동포 여러분! …… 여러분 중 누가 시
저와 친한 분이 있다면, 나는 그 분에게 이렇게 말하겠소. 이 브루
투스가 그 분보다 시저를 덜 사랑하지 않았노라고. 그런데 왜 나는
시저를 쓰러뜨릴 수밖에 없었는가? 대답은 이러하오. **나는 시저를
덜 사랑한 게 아니라, 시저보다 로마를 더 사랑했다고.** 동포 여러
분은 시저 혼자 영광 속에 살고 나머지는 다 노예가 되기를 바라시
오? 아니면 시저 혼자 죽고 모두가 자유인으로 살기를 바라시오?

시저는 나를 사랑했소. 그래서 나는 그를 생각하면 눈물이 그치지 않소. …… 하지만 그는 왕이 되고자 욕심을 품었고, 그래서 나는 그를 찔렀소.

　…… 여러분 중 누가 스스로 노예 처지가 되고 싶은 사람이 있겠소? 있다면 앞으로 나와 보시오. 그에게는 내가 사과하리다. 여러분 중 누가 로마인이 되기 싫은 자가 있소? 그에게도 사과하리다. 조국을 사랑하지 않는 비열한 자가 있소? 그에게도 사과하리다. 내가 잘못했다고 생각하는 자에게는 누구에게나 사과하리다. 자, 앞으로 나서시오.

　브루투스와 카시우스 등 음모자 일파는 군중의 반응에 만족하고 안토니우스에게 차례를 넘깁니다. 그들은 흥분한 군중을 달래며 안토니우스가 연설할 동안 아무도 움직이지 말라고 부탁까지 하죠. 그러자 스물네 군데 칼자국이 찍힌, 아직도 핏자국이 선명한 카이사르의 옷을 들고 안토니우스가 연단에 오릅니다.

친애하는 친구들, 로마 시민 여러분. 내가 여기 온 까닭은 시저에게 작별을 고하기 위한 것이오. 결코 그를 찬양하기 위해 이 자리에 온 것이 아니오. …… 고귀한 브루투스는 말하기를, 시저는 야심가였다고 했소. 진짜 시저가 그런 사람이었다면, 슬픈 일이고 그가 당한 일에는 변명의 여지가 없소. …… 하지만 시저는 전쟁에서 사로잡은 수많은 포로를 로마에 바쳤소. 가난한 자들이 울면 함께 울었소. 그런데 브루투스는 그가 야심가였다고 하오. 여러분도 보지 않았소? **지난번 축제 때 이 손으로 직접 시저에게 왕관을 세 번이나 바쳤지만, 시저는 그때마다 거절했소. 그런데 브루투스 말이 시저는 야심가였다는 것이오.** 브루투스가 거짓말쟁이라는 게 아니고 나는 다만 내가 경험하고 내가 아는 바를 알리고 싶을 따름이오.

한때 여러분은 모두 시저를 사랑했고, 그건 다 이유가 있었을 것이오. 그런데 지금은 왜 시저를 애도하지 않는 것이오?

지난번 축제 때
이 손으로 직접 **시저**에게
왕관을 세 번이나 바쳤지만,
시저는 그때마다 거절했소.

안토니우스

다시 말하지만, 나는 고귀한 브루투스나 카시우스가 거짓말을 한다고 주장하는 게 아니오. 다만 내가 알고 있는 사실만을 말할 뿐이오.

여기 시저의 도장이 찍힌 문서 하나가 있소. 바로 시저가 남긴 유언장이오. **이 유언장에는 모든 로마 시민에게 각각 75드라크마를 남긴다고 적혀 있소. 게다가 시저는 테베레강변에 있는 자기 정원 전체를 로마 시민에게 기증한다고 했소.** 시저는 자기 땅을 여러분 모두에게 그리고 여러분의 후손 모두에게 휴식의 장소로 영원히 기여한 것이오. 시저는 그런 사람이오, 시저는! 이런 사람이 또 있단 말이오?

시저는 테베레강변에 있는 자기 정원 전체를 로마 시민에게 기증한다고 했소. **시저**는 그런 사람이오.

시저야말로 진짜 영웅이다!

안토니우스

여러분에게 눈물이 있다면, 바로 지금이 울 때요. 여러분은 이 망토를 아실 것이오. 나는 시저가 이것을 처음 입었을 때를 기억하오. 어느 여름날 저녁 그의 막사였소. 그날 우리는 네루이족을 정복했소. **그런데 보시오. 바로 이 자리를 카시우스의 단검이 꿰뚫었**

소. 보시오. 이 찢어진 틈은 악질 카스카의 칼이 지나간 자국이오. 그리고 바로 이것은 시저가 그렇게도 사랑하던 브루투스가 남긴 칼자국이오. …… 다들 알다시피 시저는 브루투스를 자식처럼 사랑했소. 아, 신들도 보시겠지만 …… 이것이야말로 가장 잔인한 공격이었소!

위대한 시저는 쓰러졌소. 동포 여러분! 이제 우리는 모두 그와 함께 쓰러진 것이나 다름없소. 가증스러운 반역자들은 우리 머리 위에서 승리의 미소를 짓고 있소. …… (피투성이가 된 시저의 옷을 들고) 이걸 보시오. 자, 이것이 시저 그 자신이오. 반역자들이 난자한 ……

분위기가 순식간에 역전된 걸 알아챈 브루투스와 카시우스 일파는 재빨리 자리를 벗어나 먼 곳으로 달아났습니다.

안토니우스의 연설을 듣고 난 군중은 미친 듯이 암살자를 죽이라고 아우성쳤습니다. 그리고 여기저기서 책상과 의자 따위를 모아 광장에 불을 지피곤 카이사르의 유해를 화장했습니다. 불길이 치솟자 군중이 구름처럼 몰려들었고, 수천 명이 떼를 지어 음모자들의 집을 찾아가 불을 질렀습니다.

안토니우스, 로마의 엄친아

그리스의 최고 얼짱 엄친아가 알키비아데스였다면, 로마에는 안토니우스가 있었습니다. 그는 젊을 때부터 헤라클레스를 연상시키는 사내다운 미남자로 유명했습니다. 언제나 소매 없는 웃옷에 허리띠를 두르고 큰 칼을 차고 다녔다고 합니다. 술도 잘 마시고 친구들에게 신망도 높은 호남자 스타일로, 여자를 사귀는 데도 대단한 재주를 지니고 있었습니다. 하지만 대책 없는 로맨티스트 같은 면도 있어서 훗날 바로 그 때문에 파멸하고 맙니다.

그는 폼페이우스와 카이사르가 대립할 때 일찍부터 카이사르 편을 들어 정치와 군사 면에서 물심양면으로 그를 도왔습니다. 안토니우스는 사생활에서는 방탕했지만, 전투는 누구보다도 뛰어났고 게다가 부하 병사들의 존경까지 받아서 카이사르의 신임을 얻었지요. 카이사르가 로마의 실권을 잡자 안토니우스는 카이사르가 부재할 경우 그의 역할을 대신하는 이인자가 되었습니다. 그러니 카이사르가 죽고 일인자 자리를 탐낸 것도 이해할 만하죠.

브루투스와 카시우스 일파가 달아나자 안토니우스는 카이사르의 계승자가 되고 싶었습니다. 그러나 문제는 카이사르가 공식적으로 지정한 계승자인 카이사르 2세, 즉 옥타비아누스가 멀쩡히 살아있었다는 거죠.

안토니우스는 그를 어리다고 얕보았지만 사실 만만한 상대는 아니었습니다. 옥타비아누스는 안토니우스에게 고인의 유언에 따라 카이사르의 유산을 달라고 요청했는데, 안토니우스가 거절하자 본격적인 다툼이 시작되었습니다.

사태가 이렇게 돌아가자 안토니우스의 야심을 꿰뚫어본 키케로 등이 원로원을 앞세워 안토니우스를 로마 밖으로 추방했고, 이에 반발한 안토니우스는 자신을 따르는 병사들을 이끌고 로마 군과 한바탕 전투를 치릅니다. 결과는? 안토니우스의 처참한 패배였습니다.

이제야 옥타비아누스의 실력을 실감한 안토니우스는 생각을 바꿔 화해를 제안했고, 그 제안은 받아들여졌습니다. 어디까지나 당장의 적은 브루투스와 카시우스 일파였으니까요. 그리고 안토니우스와 옥타비아누스의 부대는 우여곡절 끝에 브루투스와 카시우스 부대를 꺾는 데 성공합니다. 전쟁에 패배한 두 암살자는 모두 자살하고 말았지요.

그런데 안토니우스의 진짜 불행은 여기서 시작됩니다. 전쟁 때문에 돈이 떨어진 안토니우스는 세금을 걷으러 로마 속주들을 찾아 가는데, 이집트에서 그만 절세 미녀 클레오파트라와 마주한 것입니다. 대책 없는 로맨티스트인 그는 단숨에 그녀에게 마음을 빼앗기고 말았습니다.

플루타르코스에 따르면, 클레오파트라의 매력은 외모보다도 몸매와 말씨 그리고 성격이나 몸동작 등이었다고 합니다. 특히 "그녀의 목소리는 마치 여러 줄의 현을 매단 악기처럼 여러 나라의 말을 거침없이" 쏟아냈습니다.

안토니우스는 클레오파트라가 있는 이집트의 알렉산드리아에서

세월 가는 줄 모르고 향락의 시간을 보냈습니다. 그들은 철없는 어린아이처럼 '즐기기 모임'이란 걸 만들어 매일같이 파티를 열고 상상도 못할 정도의 돈을 마구 뿌려댔습니다. 때때로 전쟁이 벌어지긴 했지만 안토니우스는 전투의 대가답게 가볍게 이겨버리고 다시 향락에 몰두했습니다.

그 와중에 로마에 있는 옥타비아누스는 차근차근 세력을 더욱 키워갔습니다.

악티움의
어이없는 대회전과
연인들의 최후

기원전 31년, 마침내 옥타비아누스와 안토니우스가 로마의 일인자, 즉 세계의 일인자를 가르는 순간이 왔습니다.

당시 안토니우스는 이오니아와 이집트, 에티오피아 등 아시아와 아프리카 지역을, 옥타비아누스는 이탈리아와 갈리아, 현재의 지브롤터해협까지 이르는 이베리아 반도를 다스리고 있었습니다. 그 넓은 지역에서 온 육해군이 모두 악티움Actium 근처에 모였는데, 안토니우

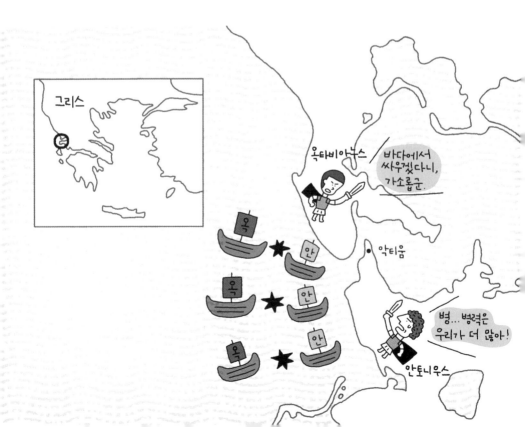

스 쪽이 500척의 함대와 보병 10만 명, 기병 1만 2,000명이었고, 옥타비아누스는 250척의 배와 보병 8만 명, 기병 1만 2,000명을 거느리고 있었습니다.

그런데 바로 이 결정적인 전투에서 안토니우스가 한 행동은 이해하기 어렵습니다.

사실 육전에 강한 안토니우스 부대가 굳이 해전을 선택한 것부터가 좀 이상했는데요. 아마도 해전을 선호한 클레오파트라의 이집트 부대 영향이 아닌가 싶습니다. 그런데 문제는, 해전을 개시한 지 얼마 지나지 않아 클레오파트라가 이끄는 60척의 이집트 배들이 전장을 떠나 펠로폰네소스 쪽으로 달아나기 시작한 것입니다!

여기서 잠깐 플루타르코스를 인용하겠습니다. 당시 상황을 그보다 더 잘 설명할 자신이 없으니까요.

여기서 안토니우스는 세상이 다 보는 앞에서 사령관이 아니라 한 사람의 남자로서도 저질러서는 안 되는 너무나 형편없는 일을 하고야 말았다. 사랑에 빠진 사람은 자신의 영혼을 사랑하는 대상에게 넘겨버린다는 말이 있는데, 그는 마치 제정신을 잃은 것처럼 바로 그렇게 행동했다. 그는 클레오파트라의 배가 떠나는 것을 보고, 마치 자신이 그녀의 한 부분이기라도 한 것처럼 자신도 돛을 올리고 그녀를 좇아갔다. 그는 자신이 지휘하는 수많은 장병들을 뒤로하고, 다섯 줄의 노를 지닌 배에 시리아의 알렉산드로스와 크켈리아스만 태운 채 클레오파트라의 뒤를 따라 파멸의 길로 나아갔다. (플루타르코스의 『영웅전』 중에서)

이것으로 악티움 해전은 사실상 끝났다고 봐야 합니다. 머리 없이 몸만 싸워서는 이길 수가 없으니까요.

사실 악티움에 남아 있던 안토니우스의 함대는 그가 도망간 사실을 모르고 있었습니다. 도저히 믿을 수 없는 이야기 아닙니까? 보병 19개 군단에 기병 1만 2,000명이라는 거대한 병력이 아직도 멀쩡히 싸우고 있었으니까요. 또한 병사들은 용감한 안토니우스가 전장에서 죽으면 죽었지 절대 비겁하게 달아날 사람이 아니라고 생각했으니까요.

하지만 결국 안토니우스가 그들을 버리고 달아났다는 사실이 밝혀졌고, 그러고도 일주일 후에 대함대는 항복했습니다.

 이는 고대사의 가장 어이없는 일화 중 하나입니다.

클레오파트라와 함께 알렉산드리아로 달아난 안토니우스는 이상한 짓을 계속했습니다. 그들이 예전에 '즐기기 모임'이란 걸 만들었던 게 기억나세요? 이번에는 '함께 죽기 모임'이란 걸 만들어서 매일같이 사치스러운 파티를 벌이면서 밤낮을 가리지 않고 방탕하게 놀았습니다. 왜 '함께 죽기 모임'이냐고요? 이 모임에 가입하려면 안토니우스와 클레오파트라가 죽을 때 함께 죽기로 맹세해야 했거든요.

이 와중에 클레오파트라는 열심히 독약을 모으고 있었습니다. 그리고 자신이 구한 모든 독약을 사형수한테 먹여보고 어느 것이 가장 빠르고 효과가 좋은지 연구했지요. 그 결과 효과가 좋은 약은 고통이 심하고, 고통 없이 죽는 약은 죽는 데 시간이 오래 걸린다는 걸 알아냈습니다.

그래서 이것저것 따져볼 때 이집트산 코브라가 제일 좋다는 결론에 도달했지요. 이 뱀에게 물리면 아프지도 않고 졸음이 오면서 서서히 의식을 잃은 후 죽음 속으로 빠져들었습니다.

마침내 옥타비아누스는 안토니우스와 클레오파트라에게 최후의 일격을 가하기 위해 대부대를 이끌고 알렉산드리아로 쳐들어 왔습니다. 그러나 안토니우스의 함대조차 주군을 배신하고 옥타비아누스의 편을 들었습니다. 분노와 절망에 빠진 안토니우스는 죽기 전에 클레오파트라를 다시 보고 싶었는지 그녀를 찾아 헤맸지요. 그 소식을 들은 클레오파트라는 자신이 자살했다고 전하도록 시녀에게 시켰습니다. 그 말을 들은 안토니우스는 칼을 꺼내 스스로 배를 찌르고 맙니다.

최후의 전쟁에서 승리한 옥타비아누스는 전리품으로 살아 있는 클레오파트라를 챙겨 가고 싶었습니다. 그래서 부하들에게 그녀가 자살하지 못하도록 잘 감시하라고 시켰습니다.

그런데 어느 날 시골 사람 하나가 무화과가 담긴 바구니를 들고 클레오파트라의 숙소를 찾아왔습니다. 문지기들은 탐스러운 무화과를 보고 그를 통과시켜 주었습니다. 물론 그 바구니 속에는 독사가 숨겨져 있었지요. 클레오파트라는 39세를 일기로 생을 마감했습니다.

옥타비아누스는 개선식에서 로마인들에게 살아 있는 클레오파트라 대신 그녀의 조각상을 보여줄 수밖에 없었습니다.

카이사르의 『갈리아 원정기』, 『내전기』 등
구리나의 『스토아주의』

카이사르의 『갈리아 원정기』, 『내전기』 등

로마 제국의 단초를 마련한 카이사르는 정력적인 저술가이기도 했습니다. 실은 카이사르가 남긴 저술들이 없었다면 당시의 역사를 연구하는 학자들은 상당한 곤란을 겪어야 했을 것입니다. 카이사르는 『갈리아 원정기 The Gallic War』, 『내전기』 등을 통해 당시의 상황을 자신의 언행과 함께 꽤나 상세하게 기록하고 있습니다. 재미있는 점 하나는 카이사르가 전 저작을 통해 자신을 삼인칭으로 묘사하고 있다는 사실입니다. 어쩌면 그는 이로써 상황을 보다 객관적으로 서술할 수 있다고 생각했는지도 모릅니다. 물론 우리는 여전히 필자가 카이사르라는 점을 고려하여 실제 상황을 짐작하는 게 좋을 것입니다.

카이사르의 여러 저작 중에서도 개인적으로 먼저 추천하고 싶은 작품은 가장 유명한 『갈리아 원정기』입니다. 갈리아란 현재의 프랑스와 벨기에, 독일 서쪽, 북이탈리아 등을 포괄하는 지역으로, 카이사르에 따르면 이 곳에 사는 민족은 크게 벨가이족, 켈트어를 쓰는 아키타니족, 그리고 골족이었는데 이 세 민족 모두 언어와 풍습이 달랐다고 합니다.

여기서 카이사르는 마치 민속학자나 인류학자가 된 듯이 이 야만

족들의 풍습과 문화를 상세하
게 설명합니다. 그래서 이 책
을 읽다 보면 이천 년 전 북유
럽인의 조상들이 살아가는 모
습이 눈앞에 선히 보이는 듯
합니다. 그들은 대개 한겨울
에도 민소매의 가죽옷을 걸치
고, 모계사회를 이루며, 무공
을 숭상하는 전형적인 야만
족이었습니다. 개개인은 강인

리모넬 로이어, 「카이사르에게 항복하는 베르
킨게토릭스」, 1899년

하고 용맹했지만 기술과 전략이 부족하여 로마인들의 적수가 되지는
못했죠. 카이사르는 이름난 명장답게 전투와 책략으로 전 갈리아 지
역을 평정하는 데 성공합니다.

『내전기』는 카이사르가 루비콘강을 건너기 직전의 상황에서 시작
됩니다. 로마 삼두정치의 한 축이던 크라수스가 파르티아 원정에서
사망하자, 로마는 카이사르와 폼페이우스 두 사람의 천하가 되지요.
그러다가 갈리아를 평정한 카이사르의 명성이 최고조에 이르자 경쟁
자 폼페이우스는 원로원을 선동하여 카이사르의 직책을 빼앗으려 하
고, 카이사르는 이에 저항하여 쿠데타를 일으킵니다.

이로써 기나긴 내전이 시작되는데요.『내전기』는 이 전쟁의 발단
과 전개과정을 상세하게 묘사하고 있습니다. 하지만 『갈리아 원정
기』 같은 아기자기한 맛은 덜합니다. 그보다는 카이사르 본인의 정당
화를 포함한 건조한 기술에 가깝습니다. 내전의 후반부를 묘사한 「알
렉산드리아 전쟁기」, 「아프리카 원정기」, 「스페인 원정기」는 그런 느

낌이 더한데요. 그 시기의 유명한 에피소드인 클레오파트라와 나눈 로맨스나 알렉산드리아 전투 중 전설적인 도서관을 태워먹은 이야기 등도 빠져 있습니다.

참고로 『열두 명의 카이사르』의 저자 수에토니우스에 따르면, 『갈리아 원정기』와 『내전기』는 카이사르가 쓴 게 맞지만 「알렉산드리아 전쟁기」, 「아프리카 원정기」, 「스페인 원정기」 등은 다른 사람이 카이사르의 이름을 빌려 쓴 위작이라고 합니다.

구리나의 『스토아주의』 등

로마인들은 그리스의 플라톤과 아리스토텔레스부터 헬레니즘 시기에 유행했던 에피쿠로스주의와 스토아주의까지도 받아들였습니다. 하지만 그 중에서도 가장 유력하고 인기 있던 사조는 역시 스토아주의였는데요. 로마시대의 스토아주의는 소위 노예(에픽테토스)부터 황제(아우렐리우스)까지 사로잡았던 철학사조입니다.

앞서 『인문학 일러스토리 I -모든 것은 그리스에서 시작되었다』에서, 스토아철학은 '세상살이의 마음가짐을 가르쳐주는 철학'이었다고 이야기했지요. 스토아철학은 자연철학과 논리학, 윤리학 등의 당시 철학의 세 가지 분야를 포괄해서 탐구했지만, 사람들이 가장 주목한 부분은 역시 윤리학적 측면이었다고 할 수 있습니다. 실은 21세기에 와서도 스토아철학 하면 키케로의 『의무론』이나 아우렐리우스의 『명상록』 등을 떠올리는 걸 보면, 스토아철학을 대하는 사람들의 태도가 그 때나 지금이나 별로 달라지지 않은 것 같네요.

그런데 에픽테토스나 아우렐리우스 같은 스토아철학자들의 책을 바로 들고 읽는 게 실은 그리 쉽지가 않습니다. 그래서 이번에는 드물게 개론서를 하나 소개하고자 합니다. 이 책에서 구리나Jean-Baptiste Gourinat, 1964년~ 는 제논에서 시작하여 로마를 거쳐 중세와 근대까지 이어지는 스토아학파의 역사부터 핵심적인 내용까지 꽤 잘 요약해서 설명하고 있습니다. 이 책을 읽은 다음에는 에픽테토스의 『엥케이리디온』이나 아우렐리우스의 『명상록』을 읽어보세요.

『인문학 일러스토리 I -모든 것은 그리스에서 시작되었다』에서 에피쿠로스주의와 스토아주의가 내용적으로는 다르지만, 각각 아타락시아와 아파테이아를 목표로 하는 양대 학파의 행동양식이 남들이 보기에는 별로 다르지 않았다고 했습니다. 하지만 내용적으로는, 에피쿠로스주의는 기본적으로 신과 영혼의 불멸성을 부정하는 유물론이란 사실이 범신론이나 이신론에 가까운 스토아주의와 가장 다른 점이었습니다. 그리고 바로 이 점이 후일 로마의 국교가 되는 기독교와 스토아철학이 만나는 접점이 됩니다.

신을 부정하는 에피쿠로스주의는 기독교와 궁합이 맞지 않았습니다. 그래서 단테는 『신곡』의 지옥편에서 다른 철학자들은 예수를 모른 죄밖에 없다고 림보에 모셔놓지만 에피쿠로스만큼은 신을 부정한 죄로 지옥의 상당히 깊은 구석(여섯 번째 고리)에서 고생하게 만듭니다.

Part 4

팍스 아우구스타

공화국의 탈을 쓴
제국

원래 로마는 왕이 지배하는 나라였다. 그러다가 브루투스가 집정제와 자유정치의 기초를 놓았다. 때때로 독재관 제도가 활용되었는데, 이는 긴급한 위기에만 일시적으로 기능하는 것이었다. 10인 법관의 최고권한도 2년 이상 사용할 수 없었고, 군사호민관이 집정관 직위를 유지하는 경우도 많지 않았다. 킨나와 술라의 전제정치도 길지 않았다. 폼페이우스와 크라수스가 잠깐 패권을 차지했지만 순식간에 카이사르에게 빼앗겼다. 그리고 레피두스와 안토니우스의 힘도 아우구스투스가 흡수해버렸다. 아우구스투스는 전 로마 세계가 오랜 내전으로 탈진한 상태에 있는 것을 발견하고, 이 세계를 통째로 차지했다. 하지만 그는 황제라는 이름 대신 '제1시민'이라는 명칭으로 제국을 지배했다. (타키투스의 『연대기』 중에서)

저는 로마의 탄생부터 아우구스투스에 이르기까지의 역사를 이만큼 짧게 잘 요약한 문장을 알지 못합니다. 로마의 역사학자 타키투스 Cornelius Tacitus, 56년경~120년경는 바로 이 문장으로 시작해서, 아우구스투스·티베리우스·칼리굴라·클로디우스·네로로 이어지는 로마 초기 황제들의 행태와 사회상을 실감나게 서술합니다. 따라서 타키투스의 『연대기The Annals』는 로마 제국의 역사를 알고 싶은 분이라면 꼭 읽어야 할 책이라고 생각합니다.

그런데 타키투스는 본인이 원로원 출신이어서 그런지 아우구스투스가 공화정을 폐하고 제정을 시작한 것에 대해 비판적인 입장을 취합니다. 그는 아우구스투스 시대가 오자 "모두 정치상의 평등성을 빼앗긴 채 위쪽을 바라보며 황제가 명령을 내리기만 기다렸다."고 평하며, 이제 "공화국을 본 사람조차 얼마나 살아남았을까."하고 한탄하지요.

실제로 아우구스투스는 안토니우스를 제압한 후 로마의 공화정을 말살했습니다. 정확하게 말하자면 "형식상으로는 공화정을 수호하면서 내용적으로는 공화정을 폐기"했습니다.

이게 좀 웃기는 측면이 있는데요. 아우구스투스의 시대에는 기존 공화정이 형식상 살아 있었기 때문에 선거도 하고 원로원도 정상적으로 운영은 되었습니다. 다만 선출된 이들의 권력이 보잘것없었다는 게 문제였지요. 실제 권력은 군권과 행정권을 모두 거머쥔 '제1시민' 아우구스투스가 행사했습니다.

아우구스투스 동상

 참고로 동상 아래쪽에 있는 아기는 큐피드입니다. 황제의 가계를 타고 올라가보면 비너스의 아들인 아이네이아스에 이른다는 점을 암시하는 거죠. 큐피드 역시 비너스의 아들입니다.

더욱 재미있는 건 아우구스투스가 이를 '마지못해' 하는 척했다는 점입니다. 그는 내전을 끝낸 직후 원로원을 소집해서 스스로 모든 공직을 내려놓고 은퇴하겠다고 선언합니다. 그러자 원로원의 반응이 어땠을까요? 그럼 이제 예전처럼 정상적인 공화국으로 돌아가면 되겠군, 하면서 안심했을까요?

아닙니다. 원로원은 아우구스투스가 은퇴하면 곧바로 힘의 공백이 생겨서 예전처럼 로마가 혼란스러워질 것을 걱정합니다. 그래서 오히려 원로원 쪽에서 아우구스투스에게 제발 권력을 맡아달라고 '부탁' 합니다.

어쨌거나
평화로웠던 로마

로마인은 은근히 이런 '겉치레'를 중시했습니다. 로마 남자는 통이 크고 관대하며, 탐욕스럽지 않아야 했습니다. 그래서 카이사르도 속으로는 왕이 되고 싶었지만 안토니우스가 왕관을 바치자 세 번이나 거절했고, 전쟁이 끝난 후에는 자신에게 저항했던 모든 적을 용서했습니다.

로마인들은 폼페이우스나 소小 카토 같은 정적의 죽음 앞에서 눈물을 흘린 카이사르를 사랑했고, 반면 정적을 용서하지 않고 철저하게 말살한 마리우스나 술라 같은 인물을 경멸했습니다.

그래서 아우구스투스는 '겉으로는' 공화국을 복원한다는 명분을 내세웠던 것 같습니다. 물론 복원된 것이 공화국이 아니라 제국이란 사실은 누구나 알고 있었지만, 로마인들에게 '겉치레'란 꽤 중요했던 겁니다.

로마인들은 형식적인 면을 중시했지만, 묘하게도 굉장히 실용적인 면 또한 있었습니다. 아우구스투스를 싫어했던 타키투스도 그가 로마에 '평화'를 가져왔다는 점만큼은 인정했는데요. 로마인들은 '어쨌거나 평화로운' 아우구스투스 체제를 좋아했습니다.

아우구스투스가 원기 왕성한 상태로 그 자신과 가문의 지위 및 세계의 평화를 유지하는 동안은, 아무도 현상에 불안감을 느끼지 않았다.

앞서 카이사르와 폼페이우스가 벌인 내전의 결과 로마 인구가 반으로 줄었다는 이야기를 했었지요. 아우구스투스가 로마의 평화를 회복하기 전에는 거의 100년 동안 전쟁과 혼란이 끊이지 않았습니다. 그런데 그가 집권한 기원전 27년부터 기원후 14년까지는 변경의 사소한 다툼을 제외하고는 그야말로 평화의 시대였습니다.

그래서 후세의 역사학자들은 아우구스투스의 집권기부터 시작해서 아우렐리우스 황제의 시대까지 거의 200년을 팍스 로마나Pax Romana, 즉 '로마의 평화'라고 부릅니다.

팍스 로마나
아우구스투스(Augustus, 재위 기원전 27~기원후 14년)
티베리우스(Tiberius, 재위 14~37년)
칼리굴라(Caligula, 재위 37~41년)
클라우디우스(Claudius, 재위 41~54년)
네로(Nero, 재위 54~68년)
...
트라야누스(Trajanus, 재위 98~117년)
하드리아누스(Hadrianus, 재위 117~138년)
피우스(Pius, 재위 138~161년)
아우렐리우스(Aurelius, 재위 161~180년)

그런데 아우구스투스 다음에 나오는 칼리굴라와 네로는 익숙한 이름이죠? 네, 둘 다 미친 황제들이었습니다.

실은 아우구스투스에겐 적자嫡子가 없었습니다. 그래서 황후가 첫 번째 결혼(황후는 이혼녀였음!)에서 낳은 아이를 후계자로 삼았는데, 그가 바로 티베리우스였습니다. 그런데 그도 그렇고 이후 네로에 이르기까지 그다지 변변한 인물이 없었습니다.

티베리우스는 정사는 제쳐놓고 별장에서 소년들과 남색에 열중하는 걸로 유명했고, 칼리굴라는 누이들과 근친상간을 저질렀으며, 네로는 어머니를 죽이고 로마에 불을 질렀지요. 그나마 클라우디우스 Tiberius Claudius Nero Germanicus, 기원전 10~기원후 54년가 특별한 스캔들이 없는 황제였습니다.

이들의 말로도 대체로 비참했습니다. 그나마 티베리우스가 78세까지 살았으니 오래 산 편인데요. 나머지 황제들, 그러니까 칼리굴라는 암살됐고, 네로는 자살했으며, 클라우디우스 역시 아내가 독살했습니다.

실은 티베리우스 역시 매끄럽지 못한 죽음을 맞았습니다. 기원후 37년 어느 날 드디어 티베리우스의 숨이 멎었습니다. 사람들은 기뻐했는데, 잠시 후 그가 눈을 뜨고 말을 하기 시작한 것입니다! 그러자 후계자인 칼리굴라와 그의 부하는 태연하게 티베리우스 위에 산더미 같은 이불을 덮어서 질식시켜 버렸지요.

대충 분위기가 짐작되지 않나요? 로마는 황제를 정점으로 한 추잡한 정치판으로 점점 썩어갔습니다. 정치보다는 자신의 쾌락과 욕망을 추구하는 데 급급한 황제는 온갖 불합리한, 아니 미친 짓을 아무렇지도 않게 해치우고, 원로원은 겉으로는 온순하게 복종했습니다. 그러나 뒤에선 역시 음모와 협잡이 난무했고, 정적의 숙청과 암살이 당연하게 여겨졌지요. 물론 황제도 당연히 암살의 대상이었고요.

 너무 혼란스러운 시대 아닌가요? 황제까지 예사로 암살하는 세상이라니, 힘없고 백 없는 시민들은 이거 불안해서 살겠습니까?

아우구스투스의
'시스템'

그런데, 그게 아니었다는 게 함정.

아우구스투스의 시대는 물론이고, 칼리굴라와 네로 같은 미친 황제들이 설치고 다니던 시절에도 로마와 그 속주들은 너무나 평화로웠던 것입니다. 이는 마치 오늘날 우리나라 국회에서 싸움이 벌어져도 일반 시민들은 텔레비전과 인터넷만 안 보면 무슨 일이 있는지도 모르는 것과 같습니다. 국회에선 아무리 난리가 나도 회사와 학교에서는 큰 영향을 못 느끼는 거죠.

이것이 가능했던 이유는 아우구스투스가 구축한 '시스템' 때문이었습니다.

그는 팍스 로마나라는 말에 걸맞게 전 지중해 연안에 걸친 로마의 영토에서 전쟁을 몰아냈습니다. 가끔 전투는 있었지만 그건 오직 변경을 침범하는 야만족과 싸우는 직업군인들 몫이었죠. 그러니 로마 영토에 사는 시민들은 적어도 전쟁에 휘말릴 걱정은 하지 않고 살았던 겁니다.

이거 상당히 중요한데요. 그전까지 고대 지중해 지역은 시민들이 언제 군대에 끌려갈지, 언제 사는 곳을 적군이 점령할지 모르는 불안한 사회였거든요.

아우구스투스 이래 궁정 암투는 있어도, 내전도 없고 야만족의 대규모 침입도 없는 평화의 시대가 200년이나 이어졌습니다. 그 기간 동안 로마인들은 심지어 황제를 암살한 후에도 빨리 다른 황제로 대

체할 생각만 했지 편을 갈라 내전을 벌이지는 않았습니다. 확실히 예전과는 뭔가 분위기가 다르죠?

이는 황제가 누구냐에 상관없이 국가 '시스템'이 제대로 돌아갔다는 뜻이기도 합니다. 아우구스투스는 법과 행정을 정비해놓았고, 덕분에 궁중암투가 벌어지건 말건 공무원들은 자기 할 일을 충실히 했던 거죠.

아우구스투스는 사상 최초로 상설 경찰, 소방관, 행정 공무원 제도를 도입해서 민원에 적극적으로 대응했습니다. 덕분에 로마에서는 언제나 수돗물이 제대로 나왔고, 이집트에서 식량공급이 끊임없이 이루어졌으며, 꾸준히 공공건물을 정비했고, 틈만 나면 검투사 경기와 전차 경주 대회가 벌어졌고, 시민들의 일상생활은 별 탈 없이 돌아갔지요.

"모든 길은 로마로 통한다."는 말을 탄생시킨 로마의 도로도 아우구스투스의 업적입니다. 로마에서 시작해 유럽과 아프리카를 아우르는 도로는 한편으로는 로마의 지중해 연안 지배를 공고하게 했고, 다른 한편으로는 물자와 인력의 수송을 빠르고 편리하게 해주었지요.

이 도로들은 로마 우편 제도의 기반이기도 했습니다. 속주에서 무슨 일이 일어나면 전령이 도로를 따라 재빨리 이동해서 로마에 소식을 전했습니다.

『신약성서』에 나오는 바울이 로마 제국 각 지역의 교회에 수시로 편지를 보내면서 지역 관리를 할 수 있었던 것도 효율적인 우편 제도 덕분이었다고 봐야 합니다.

돌판

배수로

시멘트를 섞은 자갈

시멘트로 쌓은 암석판

모래

아우구스투스의 모습이 새겨진 동전

아우구스투스는 홍보에도 능했습니다. 동전에 자신의 모습을 새기는 고전적 수법을 사용한 건 물론이고요. 나아가 로마 시내에 기념비적 건물들을 많이 건축했습니다.

마르스의 신전이 딸린 아우구스투스 포럼, 팔라티누스 언덕의 아폴론 신전, 카피톨리누스 언덕에 있는 유피테르의 신전, 발부스 극장, 마르켈루스 극장, 심지어 아우구스투스 집안사람들을 위한 아우구스투스 영묘까지도 그가 살아 있을 때 만들어놓았지요.

여기서 잠깐 『변신 이야기』로 유명한 로마 작가 오비디우스Publius Naso Ovidius, 기원전 43~기원후 17년의 『사랑의 기술Ars Amatoria』에 나오는 한 구절을 보자구요.

헤라클레스의 사자 뒤에 그림자가 비치는데, 폼페이우스의 회랑 그 늘에서만 즐길 것인가. 아우구스투스가 조카 마르켈루스의 죽음을 기리기 위해 지은 극장을 찾아가보시라. 그곳에는 외국에서 들여온 호화로운 조각품이 전시되어 있다.

그의 어미이자 아우구스투스의 누이인 옥타비아를 위해 지은 회 랑도 놓치지 마시라. 여기는 옛 장인들의 그림들로 가득하다. (오 비디우스의 『사랑의 기술』 중에서)

실은 지금 오비디우스는 로마의 독자들에게 '여자를 꼬시기 좋은 장소'를 가르쳐주고 있습니다. 서울로 치면 신촌이나 홍대 앞 같은 곳 이겠죠? 짐작컨대 아우구스투스는 로마 시내의 가장 번화한 곳에 최 신식 건물들을 지었다고 볼 수 있습니다.

로마의 역사학자 수에토니우스Gaius Suetonius Tranquillius, 69년경~140년 경에 따르면, 아우구스투스는 "나는 벽돌로 된 로마를 물려받아 대리 석으로 바꾸어놓았다."고 말했다고 합니다.

아우구스투스 시대의 기념비적 건축물 '평화의 제단(Ara Pacis)', 현재 로마 소재

'빵과 서커스'의
정치

수에토니우스는, "그때까지 아우구스투스만큼 많고 다양하며 화려한 볼거리를 대중에게 제공한 사람은 없었다."라고 기록합니다. 아우구스투스는 수시로 축제를 열고, 곳곳에 있는 무대에서 다양한 언어로 공연을 벌이고, 원형 경기장과 여러 아레나에서 검투사 경기를 열었습니다. 전차 경주와 달리기 경주도 빠지지 않았지요.

코뿔소와 호랑이, 엄청나게 큰 뱀 등 해외에서 진기한 물건이 들어오면 대중 공연이나 경기가 없는 날을 골라 전시하곤 했습니다.

 그래서 아우구스투스의 정치를 '빵과 서커스Bread and Circus'라고 일컫기도 합니다.

물론 로마 밖에서도 아우구스투스의 홍보는 그치지 않았습니다. 속주 곳곳에 그의 조각상을 세웠고, 그의 이름을 딴 사원도 만들었습니다.

아우구스투스를 숭배하는 종교도 있었습니다. 하긴 주피터나 아폴로에게 기도하면서 소원을 빌어도 생기는 게 아무것도 없었지만, 모든 사람들이 듣는 곳에서 아우구스투스의 이름을 부르며 기도하면 실제로 응답받을 확률이 상대적으로 높았겠지요. '아우구스투스교'는 그가 죽은 후에도 꽤 오랫동안 살아남았습니다

아우구스투스와 리비아의 신전

앞에 나왔던 베르길리우스나 호라티우스Quintus Horatius Flaccus, 기원전 65~8년같은 시인들도 작품을 통해 아우구스투스 체제를 옹호했습니다.

갈리아·스페인·북아프리카·이집트·소아시아 등에 있는 속주들의 일상생활도 안정적이었습니다.

로마는 정복한 지역에 거의 자치에 가까운 권력을 주었는데요. 따라서 속주의 시민들은 대개 범죄를 저지르지 않고 세금만 꼬박꼬박 내면 로마의 존재조차 의식하지 않고 살 수가 있었지요. 실제로 로마에서 행정을 위해 속주에 파견한 총독과 공무원들의 숫자는 몇백 명에 불과했습니다.

예수의 죽음으로 보는
로마의 속주 상황

독자 중에 기독교인이 있다면 『신약성서』를 한번 다시 살펴보세요. 유대인들이 예수를 로마의 법정에 세우는 장면에서 빌라도 총독이 보이는 기본적인 태도는 '귀찮음'입니다. "니네들 종교문제는 니네들이 알아서 처리할 것이지 왜 나까지 이런 일에 말려들게 하는가?" 이런 거죠. 원래부터 사형 선고가 필요한 중대한 재판 외에는 속주에서 독자적으로 재판하기로 되어 있었거든요.

빌라도가 가로되 너희가 저를 데려다가 너희 법대로 재판하라. 유대인들이 가로되 우리에게는 사람을 죽이는 권이 없나이다. (「요한복음」18장 31절)

그렇습니다. 예수를 고발한 유대인들은 그를 사형에 처하고 싶었던 것입니다! 하지만 빌라도가 보기에 예수라는 청년은 머리가 좀 이상할 뿐 죽을 만한 죄를 지은 건 아니었어요. 따라서 그는 이건 좀 아니다 싶어서 예수를 풀어주기 위해 나름의 노력을 합니다.

그는 우선 "그에게서 아무 죄도 찾지 못하노라.(「요한복음」38절)"하고 예수의 죄를 부정하지요. 유대인들의 성토가 계속되자, 예수를 채찍질하라고 명합니다. 여기서부터 빌라도의 진짜 잘못이 시작된 것입니다. 죄가 없다고 판단했으면 바로 놓아주어야죠.

그런데 유대인들은 마치 민란이라도 일으킬 기세로 빌라도를 압박합니다. 마침내 그는 유대인들을 설득하는 것을 포기하고 예수를 그들에게 넘겨줍니다.

너희가 친히 데려다가 십자가에 못 박으라. 나는 그에게서 죄를 찾지 못하노라. (「요한 복음」19장 6절)

빌라도가 아무 성과도 없이 도리어 민란이 나려는 것을 보고 물을 가져다가 무리 앞에서 손을 씻으며 이르되, 이 사람의 피에 대하여 나는 무죄하니 너희가 당하라. (「마태복음」27장 24절)

빌라도는 무고한 청년을 사형에 처한 게 양심에 걸렸는지, "이건 내 잘못이 아니"라고 말하면서 상징적 의미에서 손을 씻은 겁니다.

그러면 여기서 자연스럽게 떠오르는 질문이 하나 있지요. 속주에서 로마의 총독은 자기 판단에 위배되더라도 현지인들이 요구하면 '사형'이라는 무거운 판결을 내려야 했을까요? 최소한 이 일화를 보면 그렇습니다. 로마 속주에서 총독이란 이런 자리였던 것입니다.

　　로마는 형식적으로 또 실질적으로도 그 지역을 지배했지만, 현지인의 여론을 최대한 반영해서 통치할 수밖에 없었다는 뜻입니다.

　　이런 상황이라 속주 시민들 불만도 그리 크지 않았던 거죠. 물론 예나 지금이나 세금은 누구나 싫어하는 것이고, 타민족의 지배를 받는다는 사실 자체도 기분 좋은 일이 아니었으므로 속주에서 간간히 반란이 일어나긴 합니다. 그러나 로마의 지배를 무력화할 정도는 아니었습니다.

속주의 주민 입장에서는 전쟁에 시달리기보다는 차라리 로마에 세금 내면서 마음 편하게 사는 게 낫다고 생각했을 가능성이 높습니다.

이렇게 로마와 속주가 안정되자, 로마 제국의 영토에 살던 사람들은 이 체제에 익숙해지기 시작했습니다. 물론 여전히 로마는 공화국으로 되돌아가야 한다고 생각한 사람들도 있었지만, 그들조차도 현재의 상태가 나쁘지는 않다고 보았습니다.

기원후 2년 아우구스투스가 재위한 지 30년째 되던 해, 원로원은 아우구스투스에게 파테르 파트리아이Pater Patriae, 즉 '국가의 아버지'라는 칭호를 선사했습니다. 이때 아우구스투스는 감동한 나머지 눈물을 흘렸다고 하죠.

아우구스투스 생전의 인기를 짐작할 수 있는 일화가 또 하나 있습니다. 기원후 14년, 그러니까 그가 죽기 얼마 전이죠. 아우구스투스

는 배를 타고 자신이 제일 좋아하는 이탈리아의 카프리섬으로 항해하고 있었습니다. 배가 섬의 항구에 들어서자 가까이 있던 알렉산드리아의 상선에서 선원들이 그의 얼굴을 알아보고 환호하기 시작했습니다.

이때도 아우구스투스는 눈물을 흘렸습니다. 그해 아우구스투스는 아내 리비아의 품에 안겨 숨을 거두었는데, 아내에게 남긴 마지막 말은 "나, 일 잘했지?"였다고 합니다.

이런 일화는 사실 '믿거나 말거나'에 속하겠지요. 하지만 아우구스투스의 평화Pax Augusta 이래 팍스 로마나가 유지된 것도 사실이고, 서구 역사학자들 중에는 '역사상 가장 위대한 정치가'로 아우구스투스를 꼽는 사람도 있습니다. "조지 워싱턴과 동급"이라고 평하는 미국 학자도 있더군요.

참고로 아우구스투스 이래 로마의 모든 황제들은 카이사르 아우구스투스Caesar Augustus라는 이름을 썼습니다. 독일 황제를 부르는 이름 카이저Kaiser와 러시아 황제의 명칭 차르Tsar도 이 카이사르에서 유래했습니다.

어쩌면 아우구스투스의 가장 큰 실책은 자신을 닮은 친자를 생산하지 못한 것인지도 모릅니다. 앞서 언급했듯이 아내가 첫 결혼에서 얻은 아들 티베리우스가 그의 자리를 계승했습니다.

원로원에서 개봉된 아우구스투스의 유언장은 이렇게 시작합니다.

잔인한 운명이 나를 두 아들 가이우스와 루키우스로부터 갈라놓았다. 따라서 티베리우스에게 내 재산의 3분의 2를 남긴다. …… (수에토니우스의 『열두 명의 카이사르』 중에서)

이걸 보면 아우구스투스도 마지못해 티베리우스에게 황제의 자리를 물려준 느낌이 듭니다.

자식 복이 없었던
아우구스투스

로마의 역사학자 플리니우스Gaius Plinius Secundus, 23~79년는 티베리우스를 일러 '세상에서 가장 우울한 사람'이라고 불렀습니다. 역사학자 타키투스는 티베리우스가 원래는 악덕과 미덕을 고루 갖춘 인물이었는데 나이 들수록 잔인하고 악독해졌다고 묘사했지요.

사실 황제가 되기 전 티베리우스는 훌륭한 장군이었습니다. 하지만 권력이 사람을 타락시켰는지, 황제가 된 후에 탐욕의 화신처럼 수많은 정적을 살해하고, 사소한 범죄를 저지른 로마 시민들에게 예외 없이 사형을 집행하고, 개인적으로는 상상을 초월할 정도로 문란한 사생활을 영위합니다.

> 티베리우스의 야만적인 행위들은 기록하자면 끝이 없다. 그의 통치 시대에는 아무리 성스러운 날이라도 처형 없이 지나가는 날이 없었다. 그는 신년 첫날에도 사람들을 죽였다. (수에토니우스의 『열두 명의 카이사르』 중에서)

마침내 그가 사망했을 때 로마인들이 환호했던 것도 이해는 됩니다. 하지만 그의 뒤를 이은 황제는 틴토 브라스의 포르노 영화로도 유명한 '칼리굴라'였으니, 이것도 구관이 명관이라고 해야 할지 모르겠네요.

사실 칼리굴라가 가이우스 카이사르라는 이름으로 황제에 등극할 때만 해도 로마 시민들은 큰 기대에 부풀어 있었습니다. 왜냐하면 가이우스의 친아버지이자 티베리우스의 양자였던 게르마니쿠스는 그 야말로 전설적인 훌륭한 인물이었거든요. 따라서 그런 아버지의 피를 이어받은 가이우스가 황제가 되었으니 더 바랄 나위가 없다고 생각한 거죠.

가이우스의 황위 계승은 로마인의, 혹은 '전 세계인의' 꿈이 현실이 된 것이나 다름없었다. (수에토니우스의 『열두 명의 카이사르』 중에서)

젊은 가이우스의 사악한 성품을 정확히 간파한 사람은 늙은 황제 티베리우스 뿐이었습니다. 그는 가이우스를 언급하면서 이렇게 말한 적이 있습니다.

"나는 로마인들을 위해 독사를, 전 세계를 위해 파이톤을 키우고 있는 셈이지."

여기서 파이톤이란 물론 아폴론의 아들로 아버지의 불의 마차를 대신 끌다가 전 세계를 불태워먹을 뻔한 그 인물을 말합니다. 악인은 악인을 알아보는 걸까요?

실제로 가이우스, 그러니까 칼리굴라는 어이가 없을 만큼 잔인하고 악독한 인물이었습니다. 후일 등장한 네로 황제도 꽤나 악독했지만 칼리굴라에 비하면 새발의 피라고 해도 될 것입니다.

칼리굴라는 재미로 사람을 죽이는 사람이었습니다. 그는 심심해지면 죄수들을 불러오라고 한 다음 일렬로 세워놓고 이렇게 지시를 내렸습니다.

그는 아들의 처형 현장에 부모가 참석하도록 했고, 어떤 아버지가 건강상 이유로 못 온다고 하자 가마를 보냈습니다. 또 어떤 사람은 아들이 처형된 뒤 만찬에 초대받기도 했습니다. 그 자리에서 칼리굴라는 온갖 상냥한 말로 그를 웃기려 했다지요.

칼리굴라는 사육 중인 야생 짐승의 먹이 값이 많이 든다고 고기 대신 범죄자의 살을 먹였고, 마음에 들지 않는 원로원 의원을 죽이고 그 시체를 해체하여 자기 발밑에 쌓아두기도 했습니다.

그가 가장 좋아했던 처형 방법은 조그만 상처를 수없이 가해 죽이는 것이었다고 합니다. 그는 누군가를 고문하는 장면을 보면서 휴식이나 오락 혹은 식사를 즐기는 버릇이 있었습니다. 그는 항상 사형 집행인을 곁에 두고 어느 때라도 감옥에서 죄수를 데려와서 목을 자를 수 있도록 준비시키기도 했지요.

한번은 도둑질한 노예를 그 자리에서 사형 집행인에게 넘겨서, 양손을 잘라 가슴께에 오도록 목에 걸치고 만찬 자리에 참석하여 사람들에게 사연을 설명하기도 했습니다.

그는 유머 감각조차 잔인했다고 하지요. 한번은 칼리굴라가 연회에서 무슨 생각을 하다가 갑자기 큰 웃음을 터뜨렸습니다. 그러자 양쪽 옆에 있던 두 사람이 왜 그러냐고 물었지요. 그러자 칼리굴라의 대답이 이랬답니다.

"내가 한 번만 고개를 끄덕이면 이 자리에서 자네 둘의 숨통을 동시에 끊어놓을 수 있다는 생각이 번쩍 드는 거야. 자네들은 어떻게 생각하나?"

심지어 그는 잠자리에서 애인의 목에 키스를 하면서 이렇게 말했습니다.

"이 아름다운 목도 내가 원할 때면 잘리고 말 걸."

칼리굴라는 성적性的 취향도 굉장히 특이했습니다. 그는 누이들 모두와 근친상간을 저질렀는데, 때때로 친구들이 자기 누이와 자도록 했습니다. 그는 미혼과 기혼을 가리지 않고 로마의 모든 여자를 자신의 정부로 생각했지요. 그는 로마의 상류계급 여자들을 남편과 함께 만찬에 초대한 후, 마치 구매자가 노예의 가치를 조사하듯이 꼼꼼히 쳐다보고 그중 마음에 드는 이를 데리고 연회를 빠져나갔습니다. 그리고 나중에 다시 나타날 때는 무슨 일이 있었는지 뻔히 알 만한 모습으로 돌아와 그 일을 떠벌리기까지 했지요.

그렇게 살았으니 하늘을 찌르는 원한을 사지 않으면 오히려 이상하지요. 당연히 주변에는 그를 암살하려는 사람들이 넘쳤고 일부는 암살 계획이 발각되어 처형당했습니다. 그러나 자꾸 시도하다 보면 한 번은 성공하는 법. 친위대 대장 카이레아는 부하들과 함께 칼리굴라를 습격해 그를 죽이는 데 성공합니다.

그때가 그의 나이 29세, 황제가 된 지 3년 10개월 8일이 흐른 날이었다고 합니다. 그가 죽은 직후 그의 아내 카이소니아와 어린 딸 율리아도 살해당했습니다. 칼리굴라가 생전에 율리아를 친딸로 확신한 이유가 그 폭력적인 기질을 보았기 때문이라고 합니다.

칼리굴라의 뒤를 이은 사람은 그의 삼촌, 즉 아버지 게르마니쿠스의 동생인 클라우디우스였습니다.

그는 한마디로 얼떨결에 황제가 되었는데요. 칼리굴라 암살 사건의 와중에 친위대 병사들이 귀족들을 살해하는 것을 보고 어느 방 발코니의 커튼 뒤에 숨어 있었습니다. 하지만 한 병사가 커튼을 확 젖혀 벌벌 떨고 있는 클라우디우스를 발견했지요. 다행히 그 병사는 '차기 황제'를 알아보고 그를 친위대로 데리고 갔습니다. 친위대는 그를 황제로 추대했고, 감동한 클라우디우스는 병사들 모두에게 현금으로 상을 내렸습니다.

황제 클라우디우스에 대한 평은 "그나마 조금 나았다." 정도입니다.

사실 클라우디우스는 원래부터 명민하다기보다는 우둔한 편이었습니다. 그래서 그의 어머니 안토니아는 "내 아들 클라우디우스보다 더 멍청하군."이라는 표현을 종종 썼다고 하지요. 양할아버지였던 옥타비아누스 아우구스투스도 양손자의 지능을 걱정해서 어느 편지에서, "그 아이가 육체적으로 그리고 정신적으로 결함이 있는 것처럼 보인다면, 대중이 그 아이와 우리를 비웃을 기회를 주면 안 된다."고 썼습니다.

맙소사, **클라우디우스**가 황제가 되었다고? 로마 시민들에겐 재앙이군.

클라우디우스 황제 되다!

로마일보

클라우디우스의 누이, **리비아**

실제로 클라우디우스는 재위 기간 내내 방종한 아내 메살리나에게 휘둘렸고, 메살리나가 죽은 후에는 악명 높은 '네로'의 친모이자 본인의 다음 아내인 아그리피나에게 시달렸습니다.

메살리나와 아그리피나는 각각 개인적인 욕심을 채우기 위해 로마의 유력자들을 모함하여 살해하곤 했지요. 마침내 아그리피나는 독극물 전문가인 하녀 로쿠스타에게 독약을 얻어 황제를 독살하고 맙니다.

네로,
로마를 불사른 황제

이로써 아그리피나는 계획대로 아들, 그러니까 네로를 다음 황제로 등극시키는 데 성공합니다. 그녀는 네로가 어릴 적부터 로마 최고의 문장가이자 스토아 철학자인 세네카Lucius Annaeus Seneca, 기원전 4년경~기원후 65년를 가정교사로 붙여주었습니다. 일종의 예비 황제 교습이라고나 할까요. 세네카 역시 '철인왕'을 만들 수 있다는 희망을 품고 교습에 열과 성을 다한 것으로 보입니다. 결과적으로는 아무 성과가 없었지만요.

네로 역시 칼리굴라와 마찬가지로 선천적으로 정신이 좀 이상했던 것 같습니다.

그는 스스로 천재적인 '예술가'라고 생각했는데요. 그는 5년마다 한 번씩 그리스의 디오니소스 제전 같은 '네로제'를 개최하고, 자신은 라틴어 웅변과 시 부문에 출전했습니다. 물론 네로는 대부분의 경우(여기서 '항상'이 아니고 '대부분'의 경우였다는 사실을 기억해두세요.) 심사위원들의 만장일치로 우승했지요. 또한 성악을 공부하더니 무대에 서기 시작했습니다. 그는 건장한 청년 5,000명을 동원해 박수 부대를 시키고 대가로 금화 400닢을 주었다고 합니다.

나중에는 그리스식 비극에도 출연했는데요. 그가 공연한 작품으로는 「출산하는 카나케」, 「어머니를 죽인 오레스테스」, 「스스로 눈을 찌른 오이디푸스」, 「미쳐버린 헤라클레스」 등이 있었다고 합니다. 시와 노래, 연극까지 팔방미인이었던 거죠. 아니 팔방미인이 되고 싶었던 거죠.

그가 노래나 연기를 할 때는 아무도 극장을 떠날 수가 없어서 어떤 여자는 객석에서 아기를 낳았다는 이야기까지 있습니다.

그래도 여기까지는 '곱게 미친 짓'에 속합니다. 네로는 '악하게 미친 짓'도 꽤 많이 저지르고 다녔는데요. 이를테면 한밤중에 거리를 배회하다가 만만한 주정뱅이가 보이면 칼로 찌르고 시체를 도랑에 처넣는다든지, 길가는 여자를 희롱한다든지, 꼭 불량 청소년 같은 짓거리를 하고 다닌 겁니다. 그러던 어느 날 자기가 희롱하던 여자의 남편에게 된통 얻어맞고 난 다음에는 친위대의 경호를 받으면서 그 짓을 하고 다닙니다.

네로는 칼리굴라의 잔악함과 음탕함을 그대로 이어받았습니다. 그는 죽이고 싶은 사람이 생기면 어떤 핑계를 대서라도 죽이고 말았습니다. 그는 자신의 이복형제를 살해한 것을 시작으로, 선생이었던 세네카에게 자살을 강요했고, 끝내는 어머니 아그리피나까지 살해했습니다. 아그리피나는 암살자들이 찾아오자 치마를 올리면서, "여기로 네로를 낳았으니 여기를 찌르라."고 했다지요.

무엇보다도 네로가 저지른 최대의 악행은 로마시를 불태운 겁니다. 시민들은 자신의 집을 불태우는 네로의 부하들을 막으려 했지만 도저히 막을 수 없었다고 합니다. 시민의 집뿐 아니라 기념물과 신전들까지 파괴했습니다.

그동안 네로는 홀로 높은 곳에 서서 화재 장면을 내려다보면서 '화염의 아름다움'에 매료되어 '일리움의 함락'이라는 노래를 처음부터 끝까지 다 불렀다고 합니다. 참고로 일리움이란 트로이의 다른 이름입니다.

이러니 민심이 떠나지 않을 수가 있나요. 사실 17세에 집권한 네로가 30세가 될 때까지 로마인들이 참아준 것이 이상할 정도입니다.

반란은 먼 곳에서 시작되었습니다. 저 멀리 히스파니아에서 갈바 Servius Sulpicius Galba, 기원전 3년경~기원후 69년 장군이 네로를 치겠다면서 반란을 선언했지요. 그러자 그것으로 끝이었습니다. 하루하루 지나면서 다른 곳의 군대도 반란을 일으켰다는 소식이 로마에 전해졌고, 곧이어 친위대 역시 네로에 대한 충성을 거두었습니다. 결과적으로 실질적인 전투 한 번 없이 로마 시민과 로마의 군대가 네로에게 등을 돌린 거죠.

한때 유럽·아시아·아프리카를 호령하던 로마 제국의 황제 네로는 이제 자신의 군대와 시민들에게 쫓기는 신세가 되었습니다.

그는 마지막 품위를 지키고 싶었을까요? 자신을 사로잡아 오라는 명령을 받은 병사들이 멀리서 달려오는 모습을 보면서, 네로는 비서의 도움을 받아 목을 칼로 찌르고 자살합니다. 이내 도착한 백인대장은 네로의 목을 천으로 막으며 살려보려 했지만, 네로는 단 한마디를 남기고 눈을 부릅뜬 채 숨을 거두었다고 합니다.

이로써 아우구스투스, 티베리우스, 칼리굴라, 클라우디우스, 네로로 이어지는 율리우스-클라우디우스 왕조가 끝나고, 군인 황제들이 몇 달에 한 번씩 황좌를 갈아치우는 혼란의 시대가 한동안 이어집니다.

로마가 여기서 멸망하지 않고, 다시 질서를 회복한 후 유명한 5현제의 시대로 넘어간 것은 지금 봐도 거의 기적이라고 하지 않을 수 없습니다. 기적이 아니라면 역시 기초를 잘 닦은 아우구스투스 황제의 위엄일까요?

몽테스키외의 『로마인의 흥망성쇠 원인론』

몽테스키외의 『로마인의 흥망성쇠 원인론』

이름은 많이 들었지만, 실제로 잘 읽지는 않는 작가죠? 프랑스 계몽주의 하면 보통 루소와 볼테르를 떠올리는데요. 몽테스키외Charles-Louis de Secondat, Baron de La Brède et de Montesquieu, 1689~1755년 역시 이들과 동시대의 대가입니다. 대표저작은 『법의 정신』인데요. 민주주의와 삼권분립을 논하는 데 결코 빠뜨려서는 안 될 명저입니다. 바로 이 『법의 정신』 시작부에서 몽테스키외는, "누구도 로마로부터 벗어날 수 없다."라고 지적합니다.

사실 『법의 정신』도 로마사를 모르면 제대로 읽기가 어렵습니다. 따라서 『법의 정신』을 읽기 전에 준비운동하는 기분으로 『로마인의 흥망성쇠 원인론Considerations on the Causes of the Greatness of the Romans and their Decline』을 읽는 것도 괜찮아요.

고전 작가들 중 몽테스키외는 굉장히 '요점정리'를 잘하는 편에 속합니다. 『로마인의 흥망성쇠 원인론』을 보면 이 점이 확실히 드러나는데요. 각 장에서 비교적 짧은 에세이를 통해 자신이 생각하는 핵심적인 사항을 잘 요약하고 전달합니다. 그러다 보니 '친절하고 자세한 설명'은 좀 부족합니다. 고대 로마에 대해 전혀 모르는 사람이 읽기에는 버거워요. 하지만 필자가 앞서 소개한 플루타르코스의 『영웅전』 정도라도 읽어둔 사람이라면 그리 어렵지 않습니다. 한국어 번역본은 '역주'도 잘 되어 있으니 그걸 참조하면서 읽으면 별 무리는 없을 겁니다.

로마인의 흥망성쇠에 관한 몽테스키외의 견해를 조금만 소개하자면, 로마인은 무엇보다도 상무정신으로 충만한 '전투민족'이었고 그 때문에 흥했고, 또 그 때문에 망했다고 할 수 있습니다. 몽테스키외는 로마인이 전투민족다운 덕성과 규율을 갖추고 주변 나라들을 끊임없이 정복해나갔으나, 더 이상 정복할 곳이 없어지자 그 때부터 타락했다고 생각합니다. 그리고 그 타락은 공화정에서 군주정으로 이행하는 과정에서 극명하게 드러납니다.

이 외에도 몽테스키외의 여러 가지 날카로운 통찰이 빛나는 저서입니다. 꼭 한 번 읽어보세요.

몽테스키외, 1728년

Part 5

로마의 일상

그리스 문화에 대한
열망

카이사르와 대립했던 로마의 정치가이자 문장가인 키케로의 작품 가운데 『의무론』이라고 있습니다. 키케로가 아들에게 보내는 편지글 형식으로 쓰인 책인데요. 다음과 같은 문장으로 시작합니다.

> 내 아들 마르쿠스야. 너는 스승 크라티푸스 아래에서, 게다가 아테네에서 1년 동안이나 공부를 했으니, 스승의 음덕과 아테네라는 도시의 기풍 덕분에 철학의 공리와 원리 속에 푹 빠져 살았겠구나. 스승은 지식으로, 아테네는 도시가 모범이 되어 너를 가르쳤을 테니 말이다. 하지만 나로 말하자면, 철학과 대중연설에서 항상 라틴어와 그리스어 두 가지로 공부했는데, 내 생각에는 너도 나처럼 해보면 좋을 것 같다. 라틴어와 그리스어를 모두 잘 구사하려면 그 방법이 좋다. (키케로의 『의무론』 중에서)

키케로가 이 글을 쓴 때는 기원전 44년, 로마의 공화정이 무너지고 카이사르가 독재관으로서 전권을 행사하고 있던 시절입니다. 그러니까 로마 국내의 정세는 상당히 불안하지만 포에니 전쟁이 끝난 한참 뒤이고, 로마가 유럽·아시아·아프리카를 모두 평정해 지중해의 패권국이 되어 있는 시점입니다. 그런데 그는 현재 아테네에 유학 간 아들의 학습을 격려하고 있는 것입니다.

키케로는 왜 아들을 세계의 중심인 로마에 두지 않고 그리스의 아테네까지 유학을 보냈을까요? 왜냐하면, 로마인들은 세계를 정복했지만 문화적으로는 그리스가 자기들보다 더 뛰어나다고 인정했거든요.

 만주족이 중국을 정복했지만 한족의 문화를 흡수한 것과 비슷하다고 할 수 있죠.

로마는 성립 초기부터 그리스의 영향을 받지 않을 수 없었습니다. 그리스인들은 호메로스의 시대 전에 이미 이탈리아 해안 여기저기에 식민지를 개척해서 살고 있었거든요. 기원전 14세기에 이미 미케네인들이 시칠리아섬과 이탈리아 남부에 진출했고 그 후 소위 그리스의 암흑시대 동안에는 그리스인들이 사라졌다가, 기원전 8세기에 다시 시칠리아의 시라쿠사나 본토의 나폴리 등에 그리스인들의 무역기지가 생겼던 것입니다.

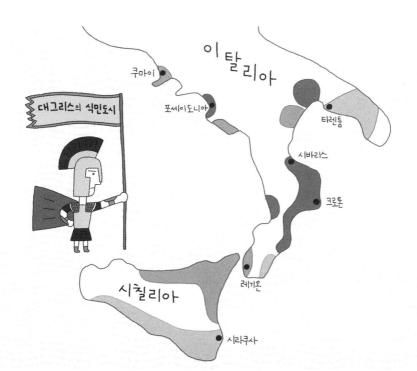

기원전 8세기 이래 이탈리아 남부 해안과 시칠리아는 아예 마그나 그라이키아Magna Graecia, 즉 '대★ 그리스'라고 불리고 있었습니다.

기원전 5세기경에는 시칠리아에 도리아계 이민자들과 아티카계 이민자들이 각각 따로 나라를 만들어 살고 있을 정도였지요. 그래서 펠로폰네소스 전쟁 때 아테네와 스파르타가 양쪽 다툼에 끼어들면서 전쟁이 재개되었던 것입니다.

3차 포에니 전쟁이 일어나던 기원전 2세기 중반쯤 되면 로마에는 그리스 문화가 차고 넘칩니다. 말끝마다 "카르타고를 멸해야 합니다."하고 외쳤던 대★ 카토는 그런 경향을 싫어했다고 해요.

그리스신-로마신	
제우스Zeus	주피터Jupiter
헤라Hera	주노Juno
포세이돈Poseidon	넵튠Neptune
데메테르Demeter	케레스Ceres
아테나Athena	미네르바Minerva
아폴론Apollon	아폴로Apollo
아르테미스Artemis	다이애나Diana
아레스Ares	마르스Mars
헤파이스토스Hephaestos	불카누스Vulcanus
헤르메스Hermes	머큐리Mercury
디오니소스Dionisos	바커스Bacchus
하데스Hades	플루토Pluto
헤스티아Hestia	베스타Vesta
아프로디테Aphrodite	비너스Venus
에로스Eros	큐피드Cupid

하지만 그의 취향과는 반대로 로마인들은 그리스의 철학과 예술을 흠뻑 빨아들였고, 그 이전에 이미 그리스의 신들을 이름만 바꿔 로마의 신으로 수용하고 있었습니다.

로마인의 종교관은 상당히 유연해서, 그리스 신들을 그대로 수용했을 뿐 아니라 계기만 있으면 다른 나라 신도 받아들이곤 했습니다. 한 예로, 로마인들은 2차 포에니 전쟁 중 전세가 불리해지자 그스 델포이 신전의 신탁을 받아, 프리기아(현재의 터키)의 여신인 키벨레Cybele 여신을 받아들여 '신들의 어머니Magna Mater'로 일컬었습니다.

그러니 당시 지중해 연안 여러 민족의 종교 중 유대교만이 유일하게 일신교였다는 점은 주목할 만합니다.

키벨레 여신

로마인은 자신들이 정복한 다른 민족의 신을 인정하는 데 인색하지 않았습니다. 테베레강의 범람을 막아달라고 빌었던 로마인들은 이집트의 나일강을 지배하는 신도 자연스럽게 받아들였습니다.

죽은 황제들은 신으로 추존되었고 모든 미덕, 심지어 악덕조차 독점적으로 담당하는 신들이 있었습니다. 사랑의 신이 있으면 불화의 신도 있는 식이었죠.

에리스, 불화의 여신

로마 시대의 플라톤학파, 에피쿠로스학파 그리고 스토아 철학자들은 마치 18세기의 계몽주의자들이 기독교적 세계관을 거부했듯이, 이런 다신교적 세계관을 거부했는데요. 특히 유물론자들인 에피쿠로스학파는 신들이 인간처럼 사랑하고 질투하고 온갖 부정을 저지른다는 신화 이야기에 노골적인 경멸을 나타냈습니다. 키케로나 루키아노스 같은 지식인들은 학술적 비판이나 풍자를 통해 신화적 세계관을 공격하기도 했습니다.

다들 알 만한 사람들인데 시인들이 꾸며낸 허황한 이야기를 종교적 진리라고 받아들일 수야 없지요.

로마 철학자

신화

아우구스투스 시대로 넘어가면 로마 지식인들 사이에서 플라톤Platon, 기원전 428년경~347년경과 아리스토텔레스는 일상적인 이름이 되고,

심지어 상류층에서는 일상 대화에서 그리스어를 사용하는 것이 유행하기도 했습니다.

제정 초기쯤 되면 로마 중산층은 집집마다 평균 8명 정도 노예를 두었는데, 그중 하나는 그리스 출신의 '지식인 노예'로 자녀 교육을 전담하는 경우가 많았습니다. 물론 상류층은 키케로처럼 아예 자식을 아테네 등으로 유학 보내기도 했고요.

키케로 시절에도 그리스어는 출세를 위한 수단 중 하나였지만, 시간이 흐를수록 로마가 지배하는 지역에서 그리스어의 중요성은 높아졌습니다. 황제를 비롯한 로마의 상류층과 중산층이 그리스 문화를 교양의 기본으로 삼았고, 이에 따라 그리스어가 라틴어 다음의 국제어가 되었기 때문이죠. 요즘 세상의 영어 같은 느낌이죠?

물론 관청에서 사용하는 행정상의 공용어는 라틴어였지만, 학문과 예술의 언어는 그리스어였습니다. 그래서 로마가 지배하는 지역의 지식인들은 라틴어와 그리스어 둘 다에 능통해야 했지요.

상류층에서는 그리스의 조각 작품을 모으는 사람이 많았습니다. 키케로도 그리스 조각 애호가 중 하나였습니다. 로마인들이 이탈리아 남부 마그나 그라이키아나 그리스 본토에서 전쟁을 벌일 때면 잊지 않고 조각들을 약탈해오곤 했지요. 시장에서 비싼 값으로 팔 수 있었거든요. 참고로 헬레니즘 시대가 아닌 그 이전 아테네 전성기의 작품들이 훨씬 비싸게 거래되었다고 합니다.

이런 실정이라 로마 시대에는 그리스 조각 작품 복제본도 많이 만들어졌습니다. 현재 남아 있는 그리스풍 로마 조각이 대부분 그런 것들입니다.

 심지어 고대 그리스 조각의 '위조품'도 꽤 만들어졌습니다.

대중문화도 그리스의 영향을 많이 받습니다. 그리스식 연극이 유행한 건 당연하고, 심지어 그리스어로 하는 공연도 있었습니다.

요즘으로 치면 프로야구단 같은 팀 체제의 전차 경주도 열렸는데, 이 역시 그리스에서 유래한 것입니다. 하지만 로마인의 수용 방식은 조금 달랐다고 하네요. 그리스에서는 우승 팀의 소유주가 영광을 차지했다면, 로마에서는 전차의 기수가 스타가 되었다고 하는군요.

앞서 아우구스투스의 정치를 '빵과 서커스'로 일컫는다고 했는데요. 로마의 모든 황제들은 이 전통을 이어갔습니다. 특히 서커스로 말하자면, 규모도 웅장하고 엄청나게 다양한 놀이거리가 있었죠.

　　전차 경주의 메카였던 로마의 키르쿠스 막시무스Circus Maximus
는 한 번에 자그마치 15만 관객을 수용할 수 있었습니다. 키르쿠스
막시무스에서는 후일 디오클레티아누스Gaius Aurelius Valerius
Diocletianus, 245년경~316년 황제 시절 큰 붕괴 사고가 났는데 사망
자만 1만 3,000명이었다고 합니다.

로마 시대의 여흥이라면 콜로세움 등에서 행해진 검투사 경기도 빼놓을 수 없는데요. 이것만은 그리스에서 배워온 게 아닙니다. 「스파르타쿠스」 같은 미드를 보면 검투사 경기를 잘 묘사하고 있습니다. 검투사들은 자기들끼리 싸우기도 하고, 호랑이나 사자 같은 짐승들과 싸우기도 했습니다. 싸움을 잘해서 늘 이기는 검투사는 오늘날의 아이돌 못지않은 대접을 받았다고 합니다.

어떤 날은 검투사 대신 죄수들을 맹수들과 싸움 붙이기도 했습니다. 처형을 그런 방식으로 한 셈입니다. 네로가 로마의 화재의 원인을 기독교인들에게 뒤집어씌운 다음 검투 경기장에 몰아넣은 건 유명한 이야기죠.

사회생활의 중심은
포룸

아테네에 아고라가 있었다면 로마에는 포룸Forum이 있었습니다. 네,
영어의 포럼이 여기서 유래한 단어인데요. 교통의 요지에 만들어진
로마의 포룸은 시민들이 모이는 광장이자 쇼핑몰이었고, 주변에는 극
장·미술관·사원 등 없는 게 없었지요. 쉽게 말해 우리가 "오늘 시내
나갈까?"하면서 가는 곳이 로마의 포룸이라고 생각하면 됩니다.

　로마뿐 아니라 유럽·아시아·아프리카의 로마인들이 세운 모든 도
시에는 기본적으로 이 포룸이 있었습니다.

요르단에 남아 있는 로마 시대 포룸의 잔해

그렇다면 로마 사람들은 대개 낮에는 포럼에 가서 쇼핑을 하거나, 콜로세움이나 스타디움에서 검투사 경기나 전차 경주를 관람하고, 밤에는 그리스식 비극이나 가면극을 보러 다니는 여유로운 생활을 했다는 말인가요? 네, 적어도 중산층 이상의 로마 시민으로 한정하면 이는 사실입니다.

앞서 로마의 중산층이 평균 8명 정도 노예를 두었다고 했지요. 그러니 본인들이 직접 가사를 돌볼 필요가 없었습니다. 물론 상류층 중에는 수백 명의 노예를 소유한 사람도 있었고요.

「스파르타쿠스」 같은 미드를 보면 로마의 주인이 휘하 노예를 마음대로 부리고, 특히 젊고 예쁜 여자 노예를 성적으로 착취하는 장면이 가끔 나오는데요. 실제로 그랬을까요? 실제로 그랬다는 게 많은 역사학자들 생각입니다.

물론 안 그런 주인도 있었겠지요. 하지만 로마 시대 사람들은 "그런 데 쓰지 않으려면 왜 예쁜 노예를 사는가?" 하고 생각했다는군요.

뺄래와 밥만 시킬 노예라면 이렇게 예쁠 필요가 없지.

고대 세계의
성 관념

그럼 로마 시대의 성 관념은 어땠을까요?

우선 정조 관념만 보면, 오늘날과는 조금 달랐습니다. 일단 로마는 굉장히 남성중심적 사회였기 때문에 아무도 남자의 정조에 대해서 문제 삼지 않았고요. 여자의 경우는 최초 결혼할 당시 순결을 중시하긴 했으나 대부분 15세 정도의 매우 어린 나이에 결혼했으므로 큰 의미는 없었습니다.

로마 시대에는 신랑 신부의 나이 차가 보통 열 살 이상이었습니다. 물론 남자 쪽이 많았지요.

간통은 공식적으로는 금지되었지만, 실제로는 매우 흔한 일이었습니다. 유부남은 물론이고 유부녀도 애인을 많이 만들었어요.

유명한 카이사르도 아내의 간통 때문에 이혼한 적이 있습니다. 다만 본인은 아내가 실제로 간통해서가 아니라 간통 혐의를 받고 있는 아내와 살기 싫어서 이혼한다고 둘러대긴 했지만요.

황제 아우구스투스는 기혼 남녀의 문란한 성생활을 바로잡기 위해 간통을 처벌하는 법을 만들었습니다. 그러나 본인 스스로가 한때 바람둥이로 소문난 사람이었지요.

아우구스투스 시대의 유명한 시인 오비디우스는 『사랑의 기술』이란 책에서 노골적으로 유부녀를 유혹하는 법을 가르쳐주기도 합니다. 이 책은 당시 베스트셀러였는데요. 그 때문에 오비디우스는 아우구스투스의 미움을 받아 흑해 연안으로 유배되었다고 합니다. 참고로 한글판 번역서가 나와 있습니다.

문란하기는 황실도 예외가 아니었는데요. 아우구스투스 황제의 아내 리비아는 본인도 애인이 있었지만, 남편인 아우구스투스에게 끊임없이 젊은 아가씨들을 소개해준 것으로 유명합니다.

클라우디우스 황제의 아내 메살리나는 희대의 소문난 바람둥이였습니다. 그녀는 줄곧 애인을 두었을 뿐 아니라, 틈틈이 마음에 드는 남자들과 염문을 뿌렸습니다. 못 말리는 님포마니아였던 그녀는 희한한 짓을 벌이기도 했는데요. 한번은 로마의 가장 유명한 창녀와 '하룻밤에 손님 더 많이 받기' 내기를 했다고. 결과는 메살리나의 승리였다는군요.

로마에서 매춘은 불법이 아니었고, 가격도 싼 편이었습니다. 로마가 정복한 모든 지역에서 여자들이 올라와서 몸을 팔았지요. 아직 신대륙에서 매독이 들어오기 전이어서 다행이었다고나 할까요.

심지어 매춘을 수익 사업으로 생각한 황제도 있었습니다. '미친 황제' 칼리굴라가 그 주인공인데요. 그는 사치와 방탕으로 세수가 부족해지자, 매춘부와 포주에게 가혹한 세금을 부과했고, 그 다음에는 궁의 수많은 방들을 치장해 직접 매춘굴을 열었습니다.

폼페이의 유적으로 보는
로마인의 생활

기원후 79년, 8월 나폴리 인근 베수비오 화산의 분화로 인해 이탈리아 남부 도시 중의 하나인 폼페이가 화산재에 잠겨버렸습니다. 폼페이는 16세기 중반 수로 공사 도중에 우연히 발견되어서 지금까지도 발굴 작업을 계속하고 있습니다.

이 폼페이 유적이 중요한 가장 큰 이유는 일상생활을 하는 로마 시민들을 화산재가 그대로 덮쳐버려서 당시 모습을 마치 타임캡슐처럼 보여주기 때문입니다. 발굴해 낸 건물들은 부드러운 화산재에 덮여 원래 모습을 그대로 간직하고 있을 뿐 아니라, 불의의 습격을 당한 폼페이 시민들 또한 형태를 유지한 채 화석이 되어 남아 있었습니다.

도망자들의 정원(Garden of the Fugitives), 폼페이 유적

그런데 폼페이 시내에 남아 있던 수많은 로마 시대 미술품도 발굴단의 눈길을 끌었는데요. 그중 일부는 보기에 상당히 민망한 것들도 있었습니다.

대중목욕탕에는 남녀의 교합 장면을 노골적으로 묘사한 그림이 있었고, 도자기로 만든 남자 성기도 잔뜩 발굴되었습니다. 어떤 중산층 가정의 현관 앞에는 성기가 비정상적으로 큰 '다산의 신' 프리아포스의 그림이 그려져 있었고요.

프리아포스

로마인에게는 '포르노'라는 개념이 없었나 봅니다. 앞서 얘기한 폼페이 목욕탕에서 발견된 그림 중 하나는 소위 쓰리섬Threesome을 묘사하고 있는데요. 그것도 동성애가 포함된 것이라 상당히 특이합니다. 어른 아이 할 것 없이 누구나 드나드는 대중탕의 벽면을 이런 그림으로 장식하는 건 오늘날 우리로서는 놀랄 수밖에 없는 감각이 아닐까 싶네요.

동성애 이야기가 나왔으니 말인데, 고대 그리스와 마찬가지로 로마에서도 남자들 사이 동성애는 그리 특별한 일이 아니었습니다. 특히 남자 가운데 양성애자는 매우 흔해서 율리우스-클라우디우스 황조의 다섯 황제 중 이성애자는 오직 클라우디우스 한 사람뿐이었습니다. 역시 포르노에 관대했던 로마인들은 동성애 장면을 술잔 등에 장식으로 그려 넣기도 했습니다.

로마 상류층들의
어이없는 결혼관

로마인은 결혼에 대한 감각도 오늘날과 좀 달랐는데요. 이건 아우구
스투스 황제의 사례를 들어 설명하는 게 좋겠네요. 수에토니우스의
『열두 명의 카이사르The Twelve Caesars』를 인용하겠습니다.

> 그는 이제 겨우 사춘기를 벗어난 안토니우스의 의붓딸 클라우디아
> 와 결혼했다. 그녀는 안토니우스의 아내 풀비아가 푸블리우스 클로
> 디우스와의 사이에서 낳은 딸이었다. 하지만 그는 풀비아와 사이가
> 나빠지는 바람에 클라우디아와 첫날밤을 치르기도 전에 이혼했다.
> 그는 곧 스크리보니아와 결혼했는데, 그녀는 이번이 벌써 세 번째
> 결혼이었다. 그녀의 전남편 두 명은 모두 전직 집정관이었고, 그 중
> 한 명에게서 낳은 아이도 있었다. 아우구스투스는 그녀와도 이혼했
> 는데, '그녀의 성질머리가 거칠었기' 때문이라고 썼다. 그리고 즉시
> 네로의 아내 리비아 드루실라와 재혼했는데, 당시 그녀는 임신 중
> 이었다. 리비아는 그가 평생 사랑했던 단 하나의 여인이었다. (수
> 에토니우스의 『열두 명의 카이사르』 중에서)

여기서 우리는 당시 로마 상류층의 결혼관을 엿볼 수가 있습니다.
이혼 경력 따위는 전혀 문제가 안 되었습니다. 아이가 있어도 상관없
었고요. 황제 아우구스투스는 심지어 다른 남자의 아이를 임신 중인

여자와 결혼하지 않았나요? 그 아이가 바로 다음 황제 티베리우스가 됩니다.

다음 문장도 읽어보세요.

그는 스크리보니아부터 딸 하나를 얻고 율리아라는 이름을 지어주었다. 하지만 실망스럽게도 리비아와의 결혼에서는 아이가 없었다. 실은 리비아가 임신을 한 번 했는데 유산되고 말았다. 그는 율리아를 누이 옥타비아의 아들이자 겨우 애티를 벗은 마르켈루스에게 시집보냈다. 그가 죽자, 아우구스투스는 옥타비아를 설득하여 마르쿠스 아그리파를 율리아의 사위로 삼았다. 당시 아그리파는 마르켈루스의 누이 한 명과 결혼해 아이들까지 있는 상태였다. 아그리파 역시 죽자, 아우구스투스는 오랫동안 새로운 사윗감을 골랐다. 그러다 티베리우스를 율리아와 짝지었는데, 이 때문에 그는 당시 임신 중이었던 아내와 이혼해야 했다. (수에토니우스의 『열두 명의 카이사르』중에서)

대충 감이 잡히시나요? 정략을 위해서라면 이미 결혼한 사람도 이혼한 후 새로 결혼하고, 형식적으로 분명히 오누이여도 결혼하는 게 당시의 풍토였던 거죠. 황제의 집안에서만 이러했느냐, 절대 그렇지 않습니다. 당시 로마의 유력자 집안에서는 이런 풍토가 당연한 것이었습니다.

당시 로마의 상류층은 여자를 집안끼리 '거래'를 할 때 쓰는 더할 나위 없이 좋은 카드로 간주했습니다.

사실 (현재의 눈으로 보면) 이보다 더 어이없는 혼사도 일어나곤 했는데요. 카이사르와 대립하던 소小 카토의 경우를 보자면, 그를 따르고 존경하던 인물 중에 호르텐시우스란 자가 있었습니다. 그는 어떻게 해서든 카토와 친족관계를 맺고 싶어서 이미 비불루스란 남자와 결혼해 두 아이까지 낳은 카토의 딸 포르키아를 자신에게 달라고 졸라댔습니다. 그렇게만 해준다면 자신이 "귀한 땅에 좋은 씨앗을 뿌리듯 훌륭한 자식을 낳겠다."는 말까지 덧붙여서요.

카토는 이를 허락하지 않습니다. 호르텐시우스는 마지못해 카토의 딸을 포기하죠. 하지만 그는 한 술 더 뜨는 제안을 합니다.

독자가 만약 독자를 존경한다는 인물에게 이런 요청을 받으면 기분이 어떨 것 같습니까? 저 같으면 법이고 뭐고 한 방 때려주고 싶네요. 그런데 카토는 장인과 의논해 보겠다고 대답합니다. 좀 황당하지요?

더 황당한 것은, 이 두 사람이 카토의 장인 필리푸스를 찾아가서 실제로 의논을 했다는 사실입니다. 그리고 그보다 더욱 황당한 것은 장인 필리푸스가 카토가 보는 앞에서 호르텐시우스와 딸 마르키아의 결혼을 승낙했다는 사실입니다!

 심지어 당시 마르키아는 카토의 아이를 임신 중이었다고요!

거짓으로 지어낸 이야기 같죠? 저도 플루타르코스의 『영웅전』에서 이 부분을 읽으면서 지어낸 이야기였으면 좋겠다고 생각했습니다. 그러나 플루타르코스는 이 일화를 소개하면서, "카토는 그들의 결합을 적극적으로 도와주었다."고 덧붙입니다.

나중에 호르텐시우스가 먼저 죽어버리는데, 마르키아는 심지어 다시 카토에게로 돌아갔다는군요.

마키아벨리의 『로마사 이야기』
수에토니우스의 『열두 명의 카이사르』

마키아벨리의 『로마사 이야기』

우리는 흔히 정치에서 목적으로 수단을 정당화하는 냉정한 실용주의를 가리켜 '마키아벨리즘'이라고 부르고, 『군주론』이 이런 정치철학을 구현한 대표작이라고 생각하는데요. 실은 마키아벨리즘이 더욱 선명하게 나타난 작품은 『로마사 이야기 *Discourses on the First Ten Books of Titus Livy*』입니다. 마키아벨리 Niccolo di Bernardo dei Marchiavelli, 1469~1527년는 이 작품에서 로마라는 거대한 국가의 역사를 통해 일어났던 여러 가지 사건들을 돌아보고, 또 그 사건들과 유사한 당대의 사건을 비교하면서 교훈을

산티 디 티토, 「마키아벨리의 초상」, 1575년

얻고 가르침을 제공하려고 합니다. 다시 말해 『로마사 이야기』는 역사책이라기보다는 정치평론서입니다.

마키아벨리는 책의 초반부터 로물루스를 예로 들면서 자신의 '냉정한 실용주의' 철학을 펼치는데요. 로마의 창건자로 알려진 로물루스는 형제인 레무스를 살해했고, 그 이후 자신과 공동 왕위에 오른 동료인 타티우스(본문에 나온 사비니족의 왕) 역시 살해했습니다. 하지만 마키아벨리는 "로물루스가 그 형제와 협력자를 죽인 것은 범죄가 아니라 공공의 복지를 위한 행동이었다."고 말하면서 정당화합니다. 이러한 '실용주의'는 『로마사 이야기』 전편을 관통하는데요. 이 후에도 마키아벨리는 수많은 에피소드를 열거하면서 자신의 '실용주의'가 정당하다고 피력합니다.

하지만 『로마사 이야기』는 오직 '실용주의 정치전략'에 바친 책은 아닙니다. 유럽이 마키아벨리 시대까지 목격했던 다양한 정치 체제와 그 체제 속에 살아간 다양한 종류의 인간 행위에 대한 관찰이 저자의 통찰 아래에 있습니다. 이를테면 마키아벨리가 본 로마와 당대의 피렌체는 군주와 귀족, 민중이 뒤섞여 살면서 서로를 지배하고 견제하는 사회였습니다. 어떤 의미에서는 현대사회와도 비슷하다고 할까요.

그래서 그런지 마키아벨리는 오늘날의 대중 정치에도 똑같이 적용할 수 있는 지혜를 보여주는데요. 이를테면 그는 "인간은 일반적인 경우에는 잘 속지만, 구체적인 경우는 잘 속지 않는다."고 말합니다. 즉, 대중은 작은 거짓말보다 큰 거짓말에 훨씬 더 잘 속는다는 말입니다. 이는 후일 현대 정치인들이 직접 행동으로 입증한 바 있죠. 그 중 최악의 경험은 물론 나치의 수장 히틀러겠죠.

이와 비슷한 맥락인데요. 마키아벨리는 "민중은 커다란 희망과 과감한 약속에 쉽게 움직인다."고 말합니다. 즉 대중을 어떤 방향으로 이끌고 싶다면 사소한 기술적인 문제보다는, 크고 강력한 메시지를 던져야 한다는 것입니다. 물론 그 메시지의 옳고 그름은 두 번째 문제입니다. 이 부분에서 마키아벨리는 여러 사례를 드는데요.

2차 포에니 전쟁 중 파비우스의 견해에 반대하고 한니발과 맞상대를 주장한 바로가 로마 시민의 동의를 얻은 일, 이후 역시 파비우스의 견해에 반대한 페눌라가 로마 시민의 동의를 얻어 한니발에 대적하다가 군대와 함께 몰살당한 일, (아테네와 스파르타 중심의) 펠로폰네소스 전쟁 중 아테네에서 가장 현명한 니키아스 대신 알키비아데스의 견해에 따라 시칠리아 원정에 나섰다가 대패한 일 등이 모두 구체적이고 정교한 계획 대신 크고 희망적인 약속이 대중들에게 먹힌 사례입니다.

여기서 오해하면 곤란한데요. 마키아벨리는 민중에게 '크고 희망적인 약속'을 내세우는 '수단의 효과성'을 이야기하고 있을 뿐 이것이 나쁘다고 말하지 않습니다. 요즘 식으로 말하자면, "선동이 나쁜 게 아니라, 그릇된 목적으로 선동하는 것이 나쁘다."는 것이죠. 그는 겉보기에 비현실적인 '크고 희망적인 약속'이 먹힌 사례로 스키피오 아프리카누스의 아프리카 원정을 듭니다. 이때도 파비우스가 반대했는데, 로마 민중들은 스키피오의 제안에 열광했죠. 결과는 아시다시피 스키피오가 이끄는 로마군의 승리로 끝났습니다.

마키아벨리는 『군주론』으로 유명한 만큼 군주국을 선호했다고 오해할 수도 있는데요. 하지만 실제로 그는 군주국과 공화국 중 어느 쪽이 더 우월하다고 판단하지는 않습니다. 다만 그는 군주국이라 하더라도 군주의 변덕이 아니라 법에 따라 지배해야만 정당성을 획득할 수 있다고 강조합니다. 따라서 국가가 맞이할 수 있는 최악의 적은 폭군입니다. 폭군은 그 자체로도 해롭지만, 오랫동안 폭군에 길들여진 민중은 "자유를 얻어도 이를 유지하기 어렵"기 때문입니다. 민중이 자유롭지 않을 때 국가는 타락하고, 또 타락한 민중은 자유를 지키기 어렵다는 것이 마키아벨리의 판단입니다.

모레토 다 브레시아, 「지롤라모 사보나롤라의 초상화」, 1524년

'자유'에 대한 이런 생각은 오늘날에도 납득이 가는데요. 그러나 마키아벨리가 살던 르네상스기 피렌체의 혼란스럽던 상황을 감안하지 않으면 이해가 안 되는 부분도 많습니다. 당시 이탈리아는 마치 동양의 춘추전국시대처럼 작은 나라들이 서로 다툼을 벌였고, 그 와중에 로마에 있는 교황청과 프랑스, 스페인 등 외세들까지 끼어들어 복합하고 어지러운 상태였습니다. 피렌체는 실질적인 지배자인 메디치 가문이 쫓겨나고 광적인 종교지도자 사보나롤라가 권력을 확보하는 등 더욱 큰 혼란을 겪었습니다.

그래서 그런지 『로마사 이야기』에는 폭군도 아니고, 당파성도 없는 현명한 지도자가 연이어 나타나서 안정된 국가 운영을 하기 바라는 마키아벨리의 소망이 여기저기서 드러납니다. 이런 소망은 사실

냉정한 현실인식과는 거리가 있죠. 독자 여러분은 이 점을 감안하면서 읽으시기를 권합니다.

참고로 마키아벨리의 대표작인 『군주론』에도 로마사를 예로 드는 부분이 상당히 많습니다. 다시 말해 로마사를 모르면 군주론을 제대로 읽기 어렵다는 말도 됩니다. 앞서 소개한 플루타르코스와 몽테스키외의 저서 정도만 읽어도 『군주론』을 읽는 데 지장은 없으나, 이왕이면 마키아벨리 본인의 관점을 제대로 볼 수 있는 『로마사 이야기』를 읽는 것도 좋지요. 바로 이 책입니다.

수에토니우스의 『열두 명의 카이사르』

로마사를 다룬 '고전' 중 순전히 재미있는 순으로 꼽으라면 이 책이 3등 안에는 꼭 들어갈 거라고 생각합니다. 그만큼 재미있는 에피소드들로 가득한데요. 수에토니우스는 각 인물의 성품을 보여주는 시시콜콜한 일화들을 다 끌어모아 『열두 명의 카이사르』를 만들었습니다.

참고로 '카이사르'는 율리우스 카이사르의 이름이기도 하지만, 로마 황제를 일컫는 칭호이기도 합니다. 아

작자 미상, 「열두 명의 카이사르가 그려진 보석 상자」, 로마 시대 메달 모방작

우구스투스가 '황제'란 이름 대신 '제1시민'으로 스스로를 칭한 이래, 로마 황제들은 아우구스투스 혹은 카이사르라는 이름으로 자신을 가리켰고, 디오클레아티누스 이래로는 정부황제 제도를 도입하여 정^{正}황제를 아우구스투스, 부^{副}황제를 카이사르라고 불렀습니다. 수에토니우스가 다루는 '카이사르'들은 '원조 카이사르'인 율리우스 카이사르재위 기원전 47-44년부터 도미티아누스재위 81-96년까지의 열두 명입니다.

역사를 인물 중심으로 본다면 이 책만큼 로마사를 잘 설명하는 책도 없습니다. 저자는 주제가 되는 인물의 성품과 행동, 시시콜콜한 일화와 전설까지 망라하여 주인공의 입체적인 모습을 보여주는데요. 이를테면 그는 여러 가지 사례를 통해 율리우스 카이사르가 얼마나 권력에 대한 야심과 탐욕이 강한 인물이었는지 상세하게 설명한 후, 반면 카이사르가 얼마나 관대하고 포용적인 인물이었는지 다른 사례를 들어 소개합니다. 심지어 어딘가 '삼국유사'스러운 믿기 어려운 전설같은 이야기도 빼놓지 않는데요. 카이사르가 루비콘강을 건너는 유명한 에피소드가 대표적인 사례입니다.

그래서 그가 망설이고 있을 때 다음의 사건이 일어났다. 갑자기 키가 크고 풍채가 훌륭한 사람이 하나 나타나더니 앉아서 피리를 불기 시작했다. 그러자 군인들과 목동들이 모두 그의 연주를 듣기 위해 옆으로 다가갔다. 나팔을 부는 군인 몇 명도 그에게 갔는데, 이 사내가 갑자기 나팔 하나를 빼앗아 불면서 강을 건너갔다. 그러자 카이사르는 소리쳤다. "신들이 내린 길조를 따라 적들을 쳐부수자. 이제 주사위는 던져졌다."

율리우스 카이사르부터 아우구스투스, 칼리굴라, 네로, 갈바 등을 거쳐 도미티아누스에 이르는 로마의 초기 황제들에 관한 정보는 수에토니우스의 이 책과 타키투스의 두 책(『연대기』와 『역사』)에 힘입은 바가 큽니다. 후일 셰익스피어는 『줄리어스 시저』에서 수에토니우스가 묘사한 시저의 암살 장면을 그대로 재현했는데요. 브루투스와 안토니우스의 연설은 셰익스피어가 창작해낸 것 같습니다. 참고로 수에토니우스에 따르면, 카이사르는 죽음의 순간에, "브루투스, 너마저도?"가 아니라, "아들아, 너마저도?"라고 말했다고 합니다.

율리우스 카이사르의 후계자 아우구스투스는 최초의 '황제'였습니다. 그는 50여 년 동안 로마를 지배하면서 소위 '팍스 아우구스타'의 시대를 열었지요. 그의 뒤를 이은 티베리우스, 칼리굴라, 클로디우스, 네로 등이 소위 '역대급'으로 악정을 펼쳤지만 제국이 그럭저럭 유지된 것은 아우구스투스가 만들어놓은 유무형의 인프라 덕분이라고 할 수 있습니다. 그리고 아우구스투스의 후계자들이 저지른 악행을 상세하게 알고 싶은 분이라면 수에토니우스의 이 책을 꼭 읽어야 합니다.

저는 수에토니우스가 특히 네로의 성정性情과 괴벽에 대해서 잘 설명했다고 생각합니다. 이를테면 수에토니우스가 기록해두지 않았더라면 후세의 우리는 세네카의 조카이자 당대 최고의 시인 중 하나이던 루카누스에 대해 자세히 알 수 없었을 것입니다. 그는 카이사르와 폼페이우스 간의 내전을 묘사한 시 「파르살리아」의 저자로 유명한데요. 실은 타키투스와 바카 등 다른 학자들도 루카누스를 언급하고 있으나 수에토니우스만큼 애정을 가지고 묘사하지 않습니다. 수에토니우스는 자신이 생각하기에 루카누스가 지나치게 저평가된 시인이라고 기록하고 있습니다. 수에토니우스의 글을 읽다 보면 정말 이 작가가 젊은 나이에 세상을 떠나버린 천재 시인을 애석하게 생각하고 있다는 느낌이 옵니다.

하여간, 루카누스는 한 때 네로의 총애를 받던 가신이었으나, 부주의하게도 시詩로 그의 주군과 겨루는 실수를 범하고 말았는데요. 바로 네로 자신의 이름을 딴 네로제에서 그만 오르페우스를 주제로 한 아름다운 극시를 발표하여 네로를 이겨버린 것입니다. 예상할 수 있다시피 네로는 그를 질투하기 시작했고, 루카누스는 매일같이 네로의 멸시를 견뎌야 했습니다.

마침내 루카누스는 네로를 축출하려는 음모에 가담했다가 들키고 맙니다. 수에토니우스에 따르면, 그는 황제의 병사들이 체포하러 오기 전에 욕조에 들어간 다음, 자신의 시 파르살리아의 한 구절을 외면서 혈관을 잘라 자살했다고 합니다.

수에토니우스는 네로까지는 황제의 공적·사적인 면모를 자세히 묘사하지만, 그 다음 갈바와 오토, 비텔리우스는 간략하게 설명하고 끝냅니다. 그도 그럴 것이 세 사람 모두 1년 남짓 짧은 임기를 마감하고 살해당했기 때문이죠. 하지만 그 다음 베스파시아누스와 도미티아누스도 비교적 짧게 묘사한 것은 좀 아쉽네요.

결론적으로 로마의 제정시대가 궁금한 분이라면 꼭 읽어야 할 책입니다.

Part 6

5현제와 제국의 가을

화장실에
세금을 매긴 황제

네로가 사망68년 6월 9일 자살한 후 1년 반 동안 세 명의 황제가 더 죽었습니다. 갈바69년 1월 15일 살해와 오토Marcus Salvius Otho, 32~69년, 69년 4월 16일 자살, 비텔리우스Aulus Vitellius, 15~69년, 69년 12월 20일 살해가 차례로 죽고 난 다음, 베스파시아누스Titus Flavius Sabinus Vesapsianus, 9~79년가 권력을 잡고 혼란을 정리했습니다.

그는 최초의 평민 출신 황제이고, 아들 티투스Titus, 39~81년와 도미티아누스Titus Flavius Domitianus, 51~96년가 연이어 황제가 되어서 플라비우스 왕조를 이룩했습니다.

로마의 원형 경기장, 콜로세움

 베스파시아누스 황제는 콜로세움을 건설하기 시작한 것으로 유명합니다. 완공은 그의 아들 티투스 때 이루어졌습니다.

유대 역사에 밝은 독자라면 베스파시아누스 황제 시절 마사다 요새가 함락된 걸 기억하실 지도 모르겠네요. 그는 네로 시절 유대의 반란을 진압하라는 명령을 수행했고, 황제가 된 다음에는 부하 장군인 실바로 하여금 남은 일을 완수하도록 했습니다.

마사다 요새의 항쟁은 유대 역사의 전설로 남았습니다. 로마군이 공성기를 이용하여 요새를 깨고 들어갔을 때는 남아 있던 유대인 거의 전부가 자살한 시체로 발견되었습니다. 유대 율법에서 자살을 금지하였기 때문에 제비를 뽑아 서로 죽여주었다고 하지요.

마사다 요새의 유적

칼리굴라와 네로 이래 로마 황제들이 국고를 지나치게 탕진했기 때문에, 베스파시아누스가 집권했을 때 황실 금고는 텅텅 비어 있었습니다. 그 때문에 베스파시아누스 황제는 원래 성품이 그랬는지는 몰라도 구두쇠로 소문날 만큼 돈을 밝히는 정책을 폈습니다.

온갖 명목으로 세금을 물리다가 나중에는 공중화장실에도 세금을 부과한 것으로 유명한데요. 그래서 지금도 이탈리아어로 화장실을 베스파시아노vespasiano라고 합니다. 정말이에요.

그 외에 베스파시아누스는 비교적 사람들에게 관대하고 유머 감각

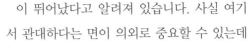

이 뛰어났다고 알려져 있습니다. 사실 여기서 관대하다는 면이 의외로 중요할 수 있는데요. 이전 황제들 중에 워낙 잔인한 사람이 많았으니까요. 베스파시아누스는 웬만큼 사악한 죄인이 아니면 사형에 처하지 않았다고 하지요.

그는 자신이 구두쇠라는 평판을 잘 알고 있었다고 합니다. 어느 날 그는 화장실 세금으로 걷어 들인 금화를 측근에게 들이밀며 "여기서 똥냄새가 나나?" 하고 물었답니다.

베스파시아누스의 흉상

그는 자신을 소재로 한 농담도 잘 했는데요. 임종의 때가 오자 "내가 이제 신이 되려나 봐!" 하고 우스개를 던졌다고 합니다. 로마 황제는 죽으면 신으로 추존되었거든요.

황제는 서서
죽어야 한다잖아?

베스파시아누스

인류가 가장 큰
행복과 번영을
누린 시기

그의 아들 티투스와 도미티아누스가 길지 않은 황제 생활을 마감하고 이어서 네르바Marcus Cocceius Nerva, 기원전 30~98년가 96년 9월 18일 유명한 '로마 5현제'의 첫 황제가 됩니다.

그런데 네르바를 5현제에 끼워주기에는 조금 업적이 약하긴 합니다. 2년 남짓 재위 기간 동안, 게르마니아 총독으로 군대의 인기가 높았던 후계자 트라야누스Marcus Ulpius Trajanus, 53년경~117년를 발굴한 것이 그가 행한 유일하고 가장 큰 업적이니까요.

하긴 5현제 시대의 문을 연 것만 해도 큰 업적일 수 있죠. 『로마제국 쇠망사The History of the Decline and Fall of the Roman Empire』로 유명한 기번Edward Gibbon, 1737~1794년이 네르바에서 시작해 아우렐리우스로 끝나는 5현제의 통치 기간을 "역사상 인류가 가장 큰 행복과 번영을 누린 시기"라고 묘사했을 정도니까요.

네르바의 두상

네르바의 뒤를 이은 트라야누스는 오랜만의 군인 황제였습니다. 아우구스투스 이래 로마는 적극적인 확장 정책을 펼치지 않고 기존 영토를 지키는 데만 집중했기 때문에 황제들이 군사적 전공을 세울 기회가 별로 없었습니다.

트라야누스는 아우구스투스조차 정복을 포기했던 다키아(현재의 루마니아 일부)와 파르티아(현재의 이란 일부)를 복속시켜서 로마 제국의 영토를 최대로 확장했습니다.

트라야누스의 기둥: 표면 부조를 통해 성공적인 두 차례 다키아 원정을 묘사하고 있다.

하지만 트라야누스가 사망하자 로마의 확장 정책은 다시 중단되고 말았습니다. 차기 황제 하드리아누스 Publius Aelius Hadrianus. 76~138년는 로마 제국 영토 곳곳을 직접 돌아보는 부지런한 사람이었지만, 영토를 넓히는 데는 좀체 관심이 없었습니다. 오히려 선대의 황제가 넓혀놓은 영토를 원래 주인에게 돌려주기까지 했습니다. 그리고 영국에는 유명한 하드리아누스의 방벽을 쌓기도 했지요.

로마사의 최고 권위자인 기번은 이러한 하드리아누스의 정책에 대해 로마 영토 주변 민족들의 평이 좋아서 세계 평화의 전망을 밝게 해주었다고 평가했습니다.

하드리아누스의 방벽: 황제 시절 영국 북쪽 야만인의 침입을 막기 위해 세운 벽

하지만 장기적으로 볼 때는 이러한 소극적인 영토 정책이 로마의 쇠락에 큰 역할을 했음이 분명합니다. 이를테면 하드리아누스의 방벽은 일시적으로는 야만인 남하를 저지했을 수 있지만, 그전까지 로마의 군사력을 경외의 눈길로 바라보던 야만인에게 로마인이 자신들을 두려워하고 있음을 알린 셈이니까요.

로마는 하드리아누스 이후로도 방벽을 몇 개 더 만들었지만 시간이 흐를수록 관리가 부실해졌고, 4세기경이 되면 방벽들이 거의 유명무실해집니다. 덕분에 후손들의 관광거리가 생긴 건 좋은 일이지만요.

사실 문제는 방벽보다 로마 자체에 있었습니다.

로마는 원래 스파르타 못지않게 상무정신이 투철한 공화국이었습니다. (남자)시민 누구나 군복무를 했고, 더욱이 공직을 얻으려면 10년 이상 복무해야만 했습니다.

군대 규율도 굉장히 엄격했습니다. 체력 단련은 기본이고 작전 수행을 위해 단체 훈련을 굉장히 열심히 했지요. 실전과 훈련의 유일한 차이는 '유혈'이라고 할 정도였으니까요.

제정 시대에 들어와 유럽·아시아·아프리카에 이르는 제국의 영토가 고정된 상태에서 오랫동안 평화가 유지되면서 로마의 기풍은 확실하게 변해갔습니다. 공화국 후기로 가면서 군대는 일반 시민이 모두 복무하는 징병제에서 지원자가 통상 20년 정도 복무하면 제대하는 모병제로 서서히 바뀌어 갔습니다. 직업군인들은 점점 이탈리아 반도 안에 사는 로마 시민보다는 속주의 젊은이들로 채워졌습니다.

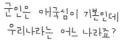

에피루스   마케도니아   아프리카

다시 '5현제'로 돌아가자면 기번은 특히 피우스Antoninus Pius, 86~16
1년와 아우렐리우스의 치세를 높이 평가합니다. 그는 이 기간이 "아마
도 백성의 행복만을 통치 목적으로 삼았던 역사상 유일한 기간이었
다."고 말할 정도입니다.

그에 따르면, 피우스의 치세는 "인간의 범죄와 오류와 불행이 거의
기록되지 않은 참으로 희귀한 역사를 제공한 시대"이고, 아우렐리우
스는 "자기 자신에게 엄격하고 다른 사람의 과오에 관대했으며 모든
백성에게 정의와 자애를 베풀었"습니다.

하드리아누스   피우스   아우렐리우스

자식 복이 없었던
또 한 사람,
아우렐리우스

아우렐리우스가 사망하자 로마의 제정은 급속하게 타락하기 시작합니다. 아우렐리우스에게는 정숙하지 못한 아내 파우스티나가 있었는데요. 그녀는 (아마도) 남편이 아닌 다른 사내의 아이를 낳아주었습니다. 그 아이가 바로 다음 황제가 되는 콤모두스Lucius Aelius Aurelius Commodus. 161~192년인데요. 철학자 아우렐리우스의 사려 깊은 교육도 아무 소용이 없는 망나니였던 거죠.

콤모두스는 재위 초기에 암살 음모 사건을 한 번 겪은 이후 무자비한 공포 정치를 펼치기 시작해서, 칼리굴라나 네로 못지않은 타격을 제국에 입혔습니다.

영화 「글래디에이터」에서 호아킨 피닉스가 연기한 젊은 황제 기억나시나요? 그가 바로 콤모두스입니다. 영화에서처럼 그는 검투사 경기를 아주 좋아했는데요. 본인을 네메아의 멧돼지를 처치한 헤라클레스쯤 되는 영웅이라고 생각해서, 세계 각국의 맹수들을 콜로세움에 몰아넣고 하나씩 죽이는 취미가 있었습니다.

헤라클레스 복장을 한 콤모두스

콤모두스의 최후는 영화와는 달랐습니다. 검투장에서 막시무스 장군이 죽인 게 아니라, 잔인한 공포 정치의 화가 자신에게도 미칠까 두려워한 애첩 마르키아가 준 독약을 먹고 이어서 그녀가 고용한 레슬링 선수에게 목이 졸려 숨졌지요.

역사학자들은 콤모두스의 단독 즉위(180년)로부터 시작해서 디오클레티아누스 황제가 즉위하기까지(284년) 100여 년을 '위기의 3세기'라고 부르는데요. 실제로 로마의 몰락은 바로 이때 시작되었다고 봐도 무방합니다.

이 기간은 로마 제국에게 치욕의 시기이기도 했습니다. 이전까지 로마는 사방의 야만족을 정복할 수 있지만 굳이 그런 수고를 하지 않겠다는 정도의 태도를 유지하고 있었습니다. 그래서 때때로 야만족이 머리를 숙이고 외교 관계를 요청할 때도 오만하게 거절하는 게 보통이었습니다. 그런데 이제 로마는 야만인들 앞에서 수세적 자세로 '방어'에 집중하는데도, 고트족이 대거 침입해서 북쪽 국경을 무너뜨렸고, 동쪽에서는 페르시아와 싸우다가 황제 발레리아누스Publius Licinius Valerianus, ?~260년가 포로로 잡히는 굴욕까지 당했습니다.

 발레리아누스는 포로 생활로 일생을 마친 유일한 로마 황제가 되었습니다.

로마 시민들 생활도 예전보다 고달파졌습니다. 변경이 불안하여 곡물을 비롯한 상품의 유통이 불안정해지자, 물가가 하루가 다르게 치솟았거든요. 반면 수입은 줄어들기만 했죠.

문화적으로도 쇠락한 시대였습니다. 황제나 유력한 시민들은 기념적인 건축 사업을 펼치는 것도 포기했습니다. 철학자들은 여전히 플라톤과 아리스토텔레스, 제논과 에피쿠로스를 붙들고 있었습니다.

사회 어느 곳에서도 혁신의 모습은 보이지 않았습니다. 사회 전체적으로 자신감을 상실했다고 할까요. 불안과 우울의 정서가 로마 전체를 뒤덮고 있었습니다.

'위기의 3세기'와 디오클레티아누스의 사두체제

정치적으로는 설명이 필요 없는 혼란과 위기의 시기였는데요. 콤모두스의 사망 후 또다시 몇 년에 한 명씩 황제가 바뀌었습니다. '위기의 3세기' 동안 30명 넘는 황제가 즉위했으니 거의 3년마다 한 명꼴이었네요.

디오클레티아누스 황제는 이런 분위기 속에서 즉위합니다. 서민집안 출신으로 변경에서 페르시아 군과 싸우면서 능력을 인정받은 디오클레티아누스는 이 모든 혼란을 종식시키고 로마에 새로운 질서를 가져왔습니다.

디오클레티아누스는 현실적이고 실용적인 인물이었습니다. 당시 제국의 상황이 보통 방법으로는 타개하기 어렵다고 생각했던 그는 여러 개혁에 착수합니다.

우선 툭하면 살해당하던 황제의 권위를 강화하기 위해 황실에 페르시아식 장엄한 의전을 도입했습니다. 원로원은 어리둥절했지만 따를 수밖에 없었죠.

디오클레티아누스의 두상

무엇보다도 로마 제국의 관료제를 극적으로 확대했는데요. 쉽게 말해서, 몇백 명 수준이던 공무원 수를 몇천 명으로 늘인 것입니다. 이건 그가 고안해낸 새로운 통치 체제와도 관련이 있습니다. 그 유명한 '사두체제tetrarchy' 말이죠.

그는 자신 외에 동급의 아우구스투스(황제)를 한 명 더 임명하고, 한 단계 아래 급의 카이사르(부황제)를 두 명 임명해서 제국을 크게 네 지역으로 나누어 각각 지배하게 했던 것입니다.

지배 집단 자체가 늘어났으니 관리 인력도 늘어나는 게 당연합니다. 물론 체제 유지비용도 늘어나서 시민들의 세 부담도 늘어났습니다.

그는 친구이자 전우인 막시미아누스Marcus Aurelius Valerius Maximianus, ?~310년를 공동 황제로 임명하고, 콘스탄티우스Aurelius Valerius Constantius, 250년경~306년와 갈레리우스Valerius Maximianus Galerius, 242년경~311년를 각각 부황제로 임명해서 직할 영역을 나누어주었습니다. 물론 그 와중에도 디오클레티아누스 본인이 가장 높은 정황제란 점을 분명히 했지요.

막시미아누스는 헤라클레스처럼 힘이 세고 우직한 인물이었습니다. 하지만 글을 읽을 줄 몰랐던 그는 머리 쓰는 일에서는 친구인 디오클레티아누스를 전적으로 신뢰했다고 합니다.

사두체제의 중심 도시와 각 황제의 임무

동방 정제 디오클레티아누스 – 니코메디아, 현재의 터키 이즈미트 ; 발칸 반도를 방어하고 사산조 페르시아를 경계.

동방 부제 갈레리우스 – 시르미움, 현재의 세르비아 베오그라드 근처 도시(스렘스카 미트로비차) ; 다뉴브강변에 위치, 게르만족 침입에 대비.

서방 정제 막시미아누스 – 메디올라눔, 현재의 이탈리아 밀라노 ; 카탈리아와 아프리카를 방위.

서방 부제 콘스탄티우스 – 아우구스타 트레베로룸, 현재의 독일 트리어 ; 라인강변에 위치, 게르만족의 침입에 대비.

당시 로마는 형식적으로는 여전히 수도였지만, 4황제는 게르만족을 중심으로 하는 야만족과 사산조 페르시아의 위협에 대응하여 새로운 중심 도시들을 선정하고 그곳을 중심으로 활동했습니다.

권력은 아들과도 나눌 수 없다는 속담이 있는데요. 그럼에도 불구하고 이 체제는 의외로 잘 돌아갔습니다. 막시미아누스는 디오클레티아누스를 신뢰했고, 두 부황제는 황제의 카리스마에 순종했습니다.

사두체제를 상징하는 조각, 베네치아 소재

사두체제의 붕괴와
콘스탄티누스

로마 역사에서 드물게 디오클레티아누스는 스스로 황제 자리에서 물러나 은퇴 생활을 즐긴 인물인데요. 본인은 나름 이 체제가 성공적으로 정착했다고 믿은 모양입니다. 친구인 막시미아누스까지 같이 은퇴해서 두 사람은 개인 궁전에서 채소를 키우며 말년을 보냈다고 하지요.

하지만 언뜻 보아도 '비상 체제'임이 분명한 사두체제는 305년 디오클레티아누스가 은퇴하자마자 금이 가기 시작합니다. 부제였던 콘스탄티우스와 갈레리우스가 황제로 승격하고 막시미누스Galerius Valerius Maximinus, ?~313년와 세베루스Flavius Valerius Severus, ?~307년가 부제로 선정되어 제2차 사두체제가 개막되는 듯했습니다만, 바로 다음해 콘스탄티우스가 사망하면서 승계를 둘러싸고 잡음이 생기기 시작했습니다.

갈레리우스 황제는 콘스탄티누스Flavius Valerius Constantinus, 274~337년가 마음에 들지 않았지만 갈리아 지방에서 야만족들과 싸우면서 불굴의 장수가 된 그와 싸우고 싶지도 않았습니다. 결과적으로 조용히 승계가 이루어지나 했는데, 콘스탄티우스의 아들 콘스탄티누스가 즉위했다는 소식을 들은 막시미아누스의 아들 막센티우스Marcus Aurelius Valerius Maxentius, ?~312년가 불만을 품고 로마에서 반란을 일으키죠. 이리하여 유명한 '사두체제의 내전'이 벌어집니다.

또 다른 반란이 일어날까 두려웠던 갈레리우스 황제는 세베루스 부황제를 시켜 막센티우스를 진압하려 듭니다. 막센티우스는 이미 은퇴한 헤라클레스 같은 아버지에게 은퇴를 번복하고 돌아와서 함께 로마를 다스리자고 호소합니다. 아들의 부탁을 거절하지 못한 막시미아누스는 세베루스를 가볍게 제압해버립니다. 왜냐하면 세베루스가 이끌던 부대는 원래 막시미아누스 휘하의 병사들로 구성되어 있었거든요. 그래서 세베루스의 병사들은 전투가 벌어지기도 전에 상대편으로 넘어가버린 거죠.

아버지 막시미아누스와 연합한 막센티우스는 의외로 견고한 방어벽을 구축하고 이탈리아와 아프리카의 주인 행세를 하기 시작합니다. 갈레리우스가 직접 대군을 이끌고 왔지만, 부자는 이마저도 물리치고 맙니다.

이제 명실상부한 황제가 된 막센티우스는 콘스탄티누스와도 친선관계를 맺었습니다. 그리고 아버지 막시미아누스를 박대하기 시작

하죠. 이에 격분한 막시미아누스는 원래 자신의 휘하였던 군대를 동원해 쿠데타를 시도하지만 그 군대는 이미 아들에게만 복종하겠다고 대답합니다. 그러자 막시미아누스는 콘스탄티누스에게로 달아납니다.

콘스탄티누스 휘하에 들어간 전 황제 막시미아누스. 그런데 웬걸요. 은혜에 보답하기는커녕 콘스탄티누스가 프랑크족의 반란을 진압하러 간 사이에 남아 있던 병사들을 선동해서 반란을 일으킵니다. 하지만 대부분의 병사들이 유혹에 넘어가지 않았기에 그는 소수의 병력을 이끌고 달아납니다.

그 소식을 들은 콘스탄티누스는 말머리를 돌려 막시미아누스를 진압하러 돌아왔고 머지않아 그를 사로잡죠. 310년 7월 막시미아누스는 결국 자살로 생을 마감하고 말았습니다.

다음해인 311년 갈레리우스가 지병으로 사망하자 사태는 걷잡을 수 없이 혼란스러워집니다. 세베루스 대신 황제 자리에 있던 리키니우스Valerius Licinianus Licinius, ?~325년는 갈레리우스가 남긴 유럽의 속주들을 차지했고, 막시미누스는 아시아의 속주를 챙겼습니다. 하지만 예전부터 갈레리우스가 자기 대신 리키니우스를 황제로 임명한 것에 대해 원한이 있던 막시미누스는 스스로 황제를 선언하고 리키니우스에 대항하는 전쟁을 일으킵니다.

막시미누스는 전쟁에서는 리키니우스보다 못한 게 분명했습니다. 콘스탄티누스와 막센티우스가 싸우는 동안, 막시미누스는 시리아에서 병력을 모으고 있었습니다.

리키니우스

내가 **리키니우스**보다 못한 게 뭔데?

막시미누스 다이아

슥삭

313년 봄 그는 드디어 7만의 군대를 이끌고 리키니우스를 치러 떠납니다. 보스포루스해협을 건너 비잔티움을 점령한 그는 다음으로 헤라클레아를 점령했고, 4월 30일 마침내 추룰룸에서 리키니우스 부대와 맞닥뜨립니다.

결과는 막시미누스의 처참한 패배였습니다. 황제의 옷을 버리고 노예 복장으로 간신히 달아난 그는 그해 8월에 생을 마감합니다.

밀라노 칙령과
최후의 결전

이 와중에 막센티우스를 가볍게 제압한 콘스탄티누스는 밀라노에서 승리자 리키니우스와 회동하고 자신의 여동생 콘스탄티아와 리키니우스의 혼약을 통해 동맹을 맺습니다. 이때 두 사람이 서명한 문서가 그 유명한 '밀라노 칙령'입니다. 여기에는 기독교를 포함한 모든 종교를 포용한다는 내용이 담겨 있었죠. 이는 두 해 전 사망한 갈레리우스 황제가 유지로 남긴 '관용의 칙령'을 승계하는 의미가 있었습니다.

밀라노 칙령은 기독교 역사에서 소위 역대급으로 중요한 사건이라고 할 수 있습니다.

이제 대로마 제국은 콘스탄티누스와 리키니우스 두 황제가 양분하여 전자는 서로마, 후자는 동로마를 지배합니다. 두 사람이 이걸로 만족했으면 좋았을 텐데요.

실제로 두 사람은 8년 동안 최소한 겉으로는 별 불만 없이 각각의 나라를 지배하는 듯 보였습니다. 그러나 결국 젊고 혈기 방장한 콘스탄티누스가 먼저 분할 통치에 이의를 제기했죠. 그는 보병과 기병 20만을 이끌고 동로마를 정벌하기 위해 떠납니다.

늙은 리키니우스는 생각보다는 오래 버틴 셈이었어요. 그는 동로마 제국의 수도 비잔티움이 무너진 후에도 몇 번의 전투에서 패배한 다음에야 항복을 선언했습니다. 그리하여 324년 로마는 디오클레티아누스가 사두체제를 성립시킨 지 37년 만에 다시 한 사람의 황제 아래 통일되었습니다. 이 황제는 로마의 재통일과 기독교 승인 등의 업적을 기려 보통 '콘스탄티누스 대제'라고 불리죠.

이쯤에서 다시 로마를 통일한 콘스탄티누스란 인물이 어떤 사람이었는지 조금 더 알아볼 필요가 있습니다.

그는 선황제 콘스탄티우스가 모이시아(지금의 세르비아와 불가리아)의 어느 여관집 딸에게서 얻은 사생아였습니다. 물론 황제와 아가씨는 서로 좋아서 사귀었겠지만, 황제 쯤 되면 무조건 정략결혼을 할 수밖에 없었으므로 정실부인으로는 막시미아누스의 딸 테오도라를 맞이했죠.

콘스탄티누스 대제의 두상

콘스탄티누스의 경력을 보면 아버지가 꾸준히 뒤를 봐준 흔적이 보이는데요. 아버지가 부황제가 된 후에 아들은 황제인 디오클레티아누스 밑에서 일했고, 아버지가 황제로 승격되자 바로 아버지 휘하로 들어갑니다.

콘스탄티누스는 막돼먹은 막센티우스와는 천양지차죠!

수고

콘스탄티누스

그는 일찍부터 주변인으로부터 용맹을 인정받았다고 합니다. 동료에게는 따뜻하고 적에게는 잔인한 전형적인 장수 스타일이었다죠. 덕분에 그를 따르는 사람이 많았습니다.

말 나온 김에 덧붙이면 막센티우스는 특히 성적으로 방종한 것으로 유명했는데, 원로원 의원의 아내와 딸들을 자기 재산처럼 생각했다죠. 의원들은 목숨을 보존하기 위해 자발적으로 딸과 아내를 바치기도 했습니다. 그 와중에 기독교인이던 귀부인 소프로니아는 막센티우스의 손에 더럽혀지기 전에 스스로를 칼로 찔러 자살하기도 했습니다. 그래서 나중에 신학자들은 이런 경우 자살이 정당화될 수 있는지 논쟁을 벌이기까지 했고요.

기원후 312년 바로 이 악독한 막센티우스와의 결정적인 대결을 앞두고 있던 어느 날 밤, 콘스탄티누스는 상서로운 꿈에서 계시를 얻습니다. 꿈에 나타난 사자가 그에게 "병사들이 방패에 그리스도의 상징을 부착하면 전투에 승리할 것이다." 하고 알려준 것입니다.

바로 그 유명한 밀비안 다리Milvian Bridge의 전투인데요. 밀비안 다리는 테베레강에 있는 주요 요충지였습니다. 콘스탄티누스는 부하들의 방패에 당시 그리스어 알파벳으로 만든 '카이로Chi Rho' 문양(그리스어로 '크리스토스 ΧΡΙΣΤΟΣ'의 앞 두 글자)을 그리게 합니다.

카이로 문양

그 덕분인지 콘스탄티누스는 갑절이나 많은 병력을 지닌 막센티우스에게 대승을 거둡니다. 달아나던 막센티우스는 어딘가에서 치명상을 입고 사망하고요. 콘스탄티누스는 개선장군이 되어 시민들 환호를 받으며 로마에 입성합니다. 이로써 그는 유럽과 아프리카까지 포함한 서로마 제국의 명실상부한 지배자가 되었습니다.

콘스탄티누스는 승리를 도와준 계시를 잊지 않았다가 밀라노 칙령으로 기독교인에 대한 박해를 전면적으로 중단시켰다는 훈훈한 이야기입니다.

콘스탄티누스가 실은 신앙심보다는 당시 숫자가 늘어가던 그리스도교 신자들의 지지를 얻기 위해 기독교에 호의적인 태도를 취했다는 주장도 있습니다. 정작 콘스탄티누스 본인은 자신이 죽기 직전에야 기독교로 개종했다고 하죠.

콘스탄티노플의
탄생

콘스탄티누스가 동과 서의 로마 제국을 통일하고 전 로마의 지배자가 되자 기독교의 '표준'을 정할 필요가 생겼습니다. 그래서 그는 325년 교계의 권위자란 권위자는 다 니케아(현재 터키의 이즈니크)에 불러놓고 회의를 시작합니다. 이게 유명한 니케아 공의회Councils of Nicaea란 거죠.

오늘날 기독교의 기본 교리가 된 예수의 신성과 삼위일체 이론이 이때 확립된 것입니다. 그러나 이후에도 계속 이견이 있어 완전한 교리로 정착하기까지는 난관을 겪어야 했습니다.

우리더러 하나님이 어느 날
유대인 여자의 아들로 태어나
30년 이상 살다가
로마인에게 사형을 당했다는
이야기를 믿으라고요?

유대인들

콘스탄티누스가 벌인 일 중 가장 중요하고도 인상적인 것은 로마의 수도를 비잔티움, 즉 콘스탄티노플Constantinople로 옮긴 것입니다. 그는 리키니우스와 전쟁을 벌이는 와중에 비잔티움의 위치를 눈여겨봐 둔 게 틀림없습니다.

현재의 이스탄불인 비잔티움은 아시아와 유럽에 걸쳐 있어서 양쪽을 다스리는 데 최적인 데다가, 바다를 끼고 있어서 통상이나 무역에도 좋은 도시입니다. 콘스탄티누스는 본인이 직접 지휘하여 비잔티움에 '새 로마Nova Roma'라는 신도시를 건설하고 거기에 눌러앉았습니다.

사실 이로써 이탈리아 반도에 있는 로마를 중심으로 하는 로마 제국의 역사는 실질적으로 끝났다고 봐도 과언은 아닙니다. 나머지 역사는 일종의 '부록' 같은 거라고나 할까요.

콘스탄티누스가 로마를 재통일한 후 1세기도 지나지 않은 395년, 테오도시우스 황제가 죽자 그의 아들 둘이 사이좋게 동로마와 서

로마를 나누어 가졌고, 서로마는 호노리우스Flavius Honorius, 384~423년 황제 아래 분리되어 나갑니다.

　그 후 더욱 허약해진 서로마는 때로는 고트족에게 로마를 점령당하기도 하는 굴욕을 겪으면서 근근이 버티다가, 476년 게르만 장군 오도아케르Odoacer, 434년경~493년경가 로마를 점령하면서 공식적인 역사가 끝이 납니다. 그에 비해 동로마 제국은 그 후로도 천 년을 더 지속하면서 1453년 오스만 제국에 의해 함락될 때까지 빛나는 역사를 쌓아올립니다.

타키투스의 『연대기』, 『역사』

기번의 『로마제국 쇠망사』

타키투스의 『연대기』, 『역사』

『연대기』와 『역사The Histories』 역시 '제국' 로마의 초기를 잘 묘사하는 역사서입니다. 수에토니우스의 『열두 명의 카이사르』로는 조금 모자라다 싶은 부분을 채워 준다고 할까요. 따라서 개인적으로 이 두 책은 수에토니우스의 책을 먼저 읽은 다음 읽는 게 좋다고 생각합니다.

수에토니우스의 책이 일화 중심이라면 타키투스의 책은 그야말로 연대기입니다. 시간상으로는 타키투스의 『연대기』가 아우구스투스 직후부터 시작해 네로

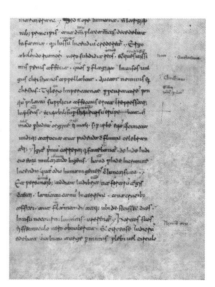

『연대기』의 일부, 11세기

에서 끝나고, 타키투스의 『역사』는 네로의 죽음에서 시작해 베스파시아누스까지 이어집니다. 그런데 타키투스가 『역사』를 먼저 쓰고 『연대기』를 나중에 썼다는 건 재미있습니다. 두 책 모두 후세에 전해지면서 누락된 부분이 있지만 크게 상관없이 읽을 만합니다.

타키투스는 특히 중요한 사건들도 간략한 일화처럼 처리한 수에토니우스와는 달리, 중요부분은 가능한 한 상세하게 묘사합니다. 이를테면 그는 갈바 황제를 처치하고 자신이 황제가 되려고 하는 오토가 부하들에게 한 연설을 마치 녹음기로 기록해 둔 듯이 토씨 하나 빼놓지 않고 재현합니다. 물론 실제로 진행된 반란도 과정 하나하나를 다 설명하고, 각 진영 병사들의 태도와 행동, 로마 시민들의 반응, 그 후의 후일담까지 빼놓지 않고 언급합니다. 그래서 독자는 마치 흥미진진한 드라마를 보듯이 책을 읽을 수 있습니다. 강추입니다.

기번의 『로마제국 쇠망사』

글자 그대로 로마 제국이 '쇠망'하던 시기를 묘사하고 설명한 책을 고르라면 에드워드 기번의 『로마제국 쇠망사』밖에 없다고 해도 과언은 아닙니다. 기번의 견해에 반대하는 사람은 그를 비판하기 위해서라도 읽어야 하는 책입니다. 물론 전문가가 아닌 우리들은 그냥 재미로 읽어도 됩니다.

조슈아 레이놀즈, 「에드워드 기번의 초상화」, 년도 미상 기번은 로마 제국의 황금기라고 할 수 있는 소위 '5현제'의 시대에 서부터 이야기를 풀어나갑니다. 당시 로마 제국이 얼마나 강력하고 위대했는지, 시민들의 삶은 얼마나 풍요로웠는지, 황제들은 얼마나 현명하고 자애로웠는지, 그리고 아우렐리우스의 아들 콤모두스가 어떻게 이 영광의 시절을 한 방에 끝내버렸는지, 바로 앞 무대에서 펼쳐지는 장면을 이야기하듯이 특유의 유려한 문장으로 서술합니다.

그리고 수많은 장군 황제들이 단명하던 '위기의 3세기'를 거쳐 디오클레티아누스와, 콘스탄티누스로 이어지는 4세기까지가 『로마제국쇠망사』의 절반을 이룹니다.

여기서 잠깐. 보통 5세기 중후반(475년) 게르만족의 대장 오도아케르가 로마를 접수한 것으로 로마 제국이 끝났다고 생각하는 경우가 많은데요. 실제로 당시에 무너진 것은 제국의 서쪽 절반뿐이었습니다. 나머지 동쪽 절반은 여전히 '로마' 황제의 지배 하에 유지되고 있었죠. '동로마'란 이름은 남아 있던 제국에 후세사람들이 붙여준 이름일 뿐 당시에는 모두 그 남은 쪽이 로마라고 생각했습니다. 심지어 로마를 접수하고 이탈리아 반도를 지배하던 게르만족들조차도 자신들이 형식적으로는 로마 황제의 지배를 받고 있다고 생각했죠.

따라서 기번은 나머지 반쪽의 역사도 장장하게 기술합니다. '동로마' 제국의 기틀을 세운 가장 유명한 황제 유스티니아누스와 황후 테오도라에 대해서 특히 길고 자세하게 묘사하고, 길고 화려하고 추악했던 비잔틴 제국의 역사를 꼼꼼히 돌아본 후, 15세기 중엽(1453년) 오토만 제국의 지배자 메흐메트가 콘스탄티노플을 정복하고 마지막 황제 콘스탄티누스 11세가 사망할 때까지의 역사를 끝까지 서술합니다.

이 책이 우리나라에는 여러 가지 판본으로 출간되어 있는데요. 사실 원서의 분량이 꽤 길다 보니 그 분량을 다 살린 번역서도 있고, 축약본도 있고, 심지어 '청소년용' 축약본도 있습니다. 이왕이면 축약본 대신 전체 번역본을 읽으시길 권합니다.

Part 7

제국은 왜 몰락했을까?

야만족의 침입
때문일까?

천 년을 이어온 위대한 로마 제국이 멸망한 까닭은 무엇일까요? 가장 흔한 설명은 중앙아시아의 평원 지대에 살던 야만족인 훈족이 아틸라를 필두로 게르만족의 땅에 침입하자, 자신의 땅에서 쫓겨난 게르만족이 남하하면서 로마의 멸망이 촉발되었다는 이야기입니다. 게르

아틸라
아틸라Attila, 406년경~453년는 유목민인 훈족의 왕으로 로마와 콘스탄티노플까지 위협했다. 47세에 지병으로 급사했다.

만족의 이동은 5세기까지 이어졌고, 마침내 로마까지도 야만인들의 인해전술에 굴복했다는 거죠. 하지만 그것은 지나치게 단순한 설명입니다.

흔히 '게르만족의 대이동'이라고 한마디로 표현하지만 실은 말처럼 단순한 사건은 아닙니다. 수 세기 동안 로마 제국과 게르만 각 부족 간의 굉장히 다양한 접촉 끝에 여러 계기로 일어난, 다양한 부족과 다양한 경로와 다양한 이동 사건을 통칭하는 것입니다. 실제로는 굉장히 복잡한 사정을 배경으로 복잡한 계기들을 거치면서 일어난 사건이란 거죠.

수 세기 동안 제국은 게르만족을 라인강과 다뉴브강 북쪽에 붙잡아두었는데, 새삼 그들이 남하하는 것을 막지 못한 이유는 또 무엇이었을까요? 야만족이 남하한다고 망할 로마였으면 진즉에 망하지 않았겠습니까? 로마는 탄생부터 멸망까지 야만족들과 이웃하며 존속해온 나라인 걸요.

돌아보면 당연한 말 같지만, 게르만족의 남하는 로마 쇠망의 여러 원인 중 하나일 뿐이고, 또한 그 전부터 계속된 쇠망의 결과이기도 합니다.

자유시민으로 구성된 결속력 높은 징병제 군대가 점점 용병들로 채워진 모병제 군대로 바뀐 것도 큰 원인이었습니다. 아우구스투스 이후 제국 체제의 상비군은 로마 시민보다는 변경의 게르만족을 꾸준히 충원했고, 나중에는 그들이 로마군의 주류가 되었을 정도입니다. 이들에게서 조국에 대한 충성심을 기대하는 건 무리였겠죠.

애국심은 자신들이 만든 정부가 안정적으로 작동하는 것이 곧 스스로의 이해에 부합한다는 생각에서 시작된다. 하지만 공화국의 군대가 아닌 황제가 지배하는 나라의 용병으로서는 이런 종류의 감정이나 생각을 전혀 가질 수 없었다. (기번의 『로마제국 쇠망사』 중에서)

역시 우리는
군주제보다는
공화정 체질이라고.

브루투스

카이사르

결국은 공화정의 종식이 장기적으로 제국을 약화시키는 결과를 가져왔다고도 할 수 있습니다. 군주제란 결국 제왕의 지혜에 절대적으로 의존하는 체제일 수밖에 없는데, 아우구스투스의 후계자들 중 현제보다는 칼리굴라·네로·콤모두스 같은 미친 황제가 훨씬 더 많았던 거죠. 어쩌면 원래부터 로마 시민에게 제국이라는 외투가 어울리지 않았는지도 모릅니다.

호리병에서
풀려난 악마

아우구스투스가 '제1시민'의 자리에 오를 당시, 로마인들은 전성기 영토에 가까운 광대한 지역을 지배하던 로마를 공화정으로는 효율적으로 다스리기 어렵지 않을까 의문을 품었던 것 같습니다. 그 사실을 잘 알았던 아우구스투스는 황제 권력을 반납하는 쇼를 벌였고, 원로원은 두려움에 떨며 다시 그에게 왕관을 바치곤 했습니다.

황제께서 그만두시면 어리석은 시민들을 어찌하나요?

원로원

아우구스투스

제국은 점점 부유해졌지만, 실제로 그 부를 누리는 사람의 수는 줄어들었습니다. 소수의 부자들이 농장을 차지하고 수백 명의 노예를 부리며 포도와 올리브를 생산했고, 땅을 잃은 농민들은 도시로 몰려와 하류층이 되었습니다.

제국은 도시 빈민의 불만을 달래기 위해 빵과 서커스를 제공했습니다. 이집트에서 실어온 밀을 무료 배급하고, 매일같이 전차 경주와 검투사 경기를 열었지요. 로마 시민들의 대화에서는 지적인 대화나 정치 현안이 사라지고 검투사와 전차 경주만이 남았습니다.

시민이 정치에서 사라지자 군대가 개입하기 시작했지요. 사령관 비텔리우스를 황제로 옹립하던 게르마니아 군단이나 콤모두스를 암살하고 그 후계자 역시 처단한 후 황제의 자리를 경매에 내놓았던 근위대 등, 모두 허약한 정당성을 기반으로 한 제국 체제의 부산물입니다.

애초에 아우구스투스가 근위대를 창설한 이유가, 본인이 제1시민을 가장한 황제가 되었지만 결국 그 자리를 지켜주는 건 무력뿐임을 알았기 때문입니다.

호리병에서 풀려난 악마는 다시 병 속으로 들어가지 않았습니다. 스스로 권력의 핵심이라는 사실을 자각한 군대는 변경에서 야만족을 막아내는 원래 임무는 방기하고, 국가 방위보다는 국가 지배에 점점 더 관심을 기울였습니다.

또한 콤모두스가 죽고 내전 끝에 권력을 장악한 세베루스Lucius Septimius Severus Pertinax, 146~211년 같은 군인 출신 황제들은 그나마 공화정의 형식이던 원로원을 완전히 무시하고, 황제가 직접 군대를 지휘하는 노골적인 군사독재 체제를 만들었습니다.

황제의 총애와 편해진 생활 속에서 군대는 어느새 오합지졸 무리로 전락해 갔습니다. 한때 지중해 세계를 지배하던 로마 군단은 제국의 후반기로 갈수록 훈련도 부족하고 무장도 미비한 약체 군대로 변모한 거죠. 그래서 후일 변경의 고트족·프랑크족·롬바르드족 등 게르만족의 준동 그리고 게르만족조차 공포로 몰아넣고 로마와 비잔티움까지 위협한 아틸라 앞에서 로마 군은 맥없이 무너지고 말았지요.

 참고로 아틸라는 칭기즈칸Chingiz Khan, 1162년경~1227년 이전에 유럽이 만난 가장 무서운 아시아인이었습니다.

로마는
자신의 무게 때문에
저절로 무너졌다?

로마 제국의 몰락에 관해 가장 권위 있는 저서를 남긴 사람은 앞서
말한 영국의 역사학자 기번입니다. 18세기 말 영국 의회에서 아무런
발언도 하지 않는 게으른 의원으로 유명했던 그는 어느 날 갑자기,
『로마제국 쇠망사』라는 제목의 엄청나게 두꺼운 책을 발표해서 당대
역사학계를 놀라게 했습니다.(참고로 우리나라에도 여섯 권의 책으
로 번역되어 있습니다.)

사실 기번의 『로마제국 쇠망사』는 로마 역사에 관심 있는 사람이라면 꼭 읽어야할 필독서가 맞습니다. 문제는 너무 두껍다는 건데요. 500쪽 넘는 책을 여섯 권이나 읽어야 하니까요. 하지만 『삼국지』도 그렇듯, 아무리 길어도 재미있어서 읽을 수 있는 책들이 있잖아요. 저는 『로마제국 쇠망사』도 그런 책 중 하나라고 확신합니다. 다만 이 책을 재미있게 읽기 위해서는 고대 그리스와 로마의 역사와 문화에 대한 기본 지식을 좀 갖춰야 합니다.

 아시아 역사에 대한 기본 지식이 거의 없는 서양인이
『삼국지』를 읽으면 굉장히 어렵다고 생각할 겁니다.
마찬가지로 『로마제국 쇠망사』는 그리스·로마 문명
을 전혀 모르는 사람이 읽기엔 좀 어렵긴 하죠.

하지만 걱정할 필요는 없어요. 이 책과 함께 시리즈인 그리스 편도 내처 읽고 나서 기번의 책을 읽으면 그리 어렵게 느껴지지 않을 겁니다. 『삼국지』를 읽는 기분으로 달려보시기를 강력하게 권합니다.

아, 참고로 이 책이 너무 길다 보니 축약판이 몇 개 나와 있는데요. 웬만하면 원전을 읽으시는 게 좋습니다. 제가 축약판을 읽어보니, 원전 쪽이 훨씬 재미가 있어요.

그건 그렇고, 약간 스포일러 같기는 하지만, 기번이 생각한 로마제국 쇠망의 원인에 대해 간략하게 말씀드리겠습니다. 우선 그는, 로마의 쇠퇴가 특별히 이상한 사건이 아니라, "무절제한 팽창의 자연스럽고 필연적인 결과였다."고 설명합니다. 그래서 "로마 제국이 왜 멸망했는지 묻는 대신 오히려 어떻게 그토록 오래 지속될 수 있었는지 놀라워해야 할 것이다."라는 게 기번의 생각입니다.

사실 위의 설명은 대부분의 로마사 연구자들이 인용하는 기번의 문장에서 유래한 것인데요. 이것만 보면 기번이 로마의 쇠망을 지나치게 단순하게 파악하는 게 아닌지 오해를 할 수도 있다고 봅니다.

실제로는 기번은 방대한 책을 통해 로마의 쇠퇴 과정을 외과의사처럼 정밀하게 해부하고 있거든요. 그리고 저자가 『로마제국 쇠망사』를 통해 줄기차게 강조하는 로마사의 가장 큰 흐름은 '공화국 정신의 몰락'입니다.

기번은 로마 공화국의 정신이 살아 있을 때의 모습을 다음과 같이 묘사합니다.

로마 시민 상호 간의 신뢰와 국가에 대한 충성은 교육이라는 습관과 종교라는 편견을 통해 더욱 강화되었다. 도덕과 명예심이 공화국의 원리였고, 야심 있는 시민들은 승리라는 엄숙한 영예를 누리기 위해 노력했으며, 로마의 젊은이들은 흔히 집안에 걸린 선조들의 초상을 바라보면서 호승심으로 불타올랐다.

귀족과 평민은 서로 간의 적당한 경쟁을 통해 마침내 안정적인 체제를 만들어냈다. 그 덕분에 민회의 자유, 원로원의 권위와 지혜, 그리고 행정관들의 행정권이 조화를 이루었다. 집정관이 공화국의 깃발을 올리면 시민들은 스스로 맹세한 대로 국가의 대의에 몸을 바쳐 10년간의 병역 의무를 유감 없이 수행했다. 로마는 이 현명한 제도를 통해 자유로운 젊은이와 튼튼한 병사들을 전쟁터에 끊임없이 공급했고, 그들의 부대는 끈질긴 저항 끝에 로마의 힘에 굴복한 이탈리아 각지의 강인하고 다양한 병사들로 보강되었다. (기번의 『로마제국 쇠망사』 중에서)

공화국 정신의 쇠퇴와
기독교의 발흥

로마가 멸망할 때까지도 공화국의 껍데기는 살아 있었습니다. 명목상이나마 원로원이 있었고, 집정관도 있었으니까요. 하지만 공화국의 정신은 아우구스투스와 함께 사망했습니다.

공화국의 정신이 살아있을 때, 로마는 전투에는 질 때도 있었지만 전쟁에는 항상 이겼습니다. 한니발이 이탈리아 전역을 유린하고 칸나이 전투에서 로마군 5만 명을 학살했지만 로마는 무너지지 않았고, 결국 스키피오 아프리카누스가 한니발을 패퇴시켰지요.

로마 시민들은 자발적으로 공화국을 수호했지만, 제국을 수호하던 야만인들은 이해관계에 따라 얼마든지 변절했지요. 그 결과 수십

명의 로마인 황제들이 부하들 손에 죽음을 맞았고, 야만인들 중 일부는 스스로 황제를 선언하기도 했습니다. 아틸라의 서진이 없었더라도, 히스파니아에서 이탈리아, 마우리타니아에서 이집트에 이르는 서로마의 영토는 언젠간 야만족이 차지할 운명이었다고 보아도 틀리지 않습니다.

 기원후 476년 마침내 고트족 오도아케르가 로마에 입성해 이탈리아의 왕위에 올랐습니다.

게르만족이 로마를 패망시킨 물리적인 힘이었다면, 로마인들의 기백을 약화시킨 정신적인 힘은 기독교였습니다.

> 종교의 가장 중요한 목표가 내세의 행복이므로, 기독교가 들어왔다는 사실 혹은 적어도 사람들이 이 종교를 오용했다는 사실이 로마 제국의 몰락에 어느 정도 영향을 끼쳤다고 해도 그리 심한 말은 아닐 것이다. 성직자들은 인내와 순종의 교리를 가르치는 데 성공했다. 능동적인 사회활동은 활력을 잃었고, 상무정신의 마지막 흔적은 수도원에 묻혀버렸다. (기번의 『로마제국 쇠망사』 중에서)

사실 기번의 이런 지적은 『로마제국 쇠망사』를 발표한 1776년부터 상당한 논란을 일으켰는데요. 당시 기독교가 유럽의 지배적 종교였음을 감안할 때 당연한 일이었겠죠. 마침 기번은 프랑스의 볼테르와 각별한 친분관계였기 때문에, 많은 사람이 그가 계몽주의자들로부터 영향을 받았다고 생각했습니다.

하여튼 기번은 이어서, 그나마 기독교가 있었기 때문에 로마는 비교적 평화롭게 멸망했다고 덧붙입니다.

로마 제국의 몰락이 콘스탄티누스의 개종 때문에 가속화되었다면, 승리한 그의 종교는 몰락의 폭력성을 줄여주고 정복자들의 사나운 기질을 완화시켰다. (기번의『로마제국 쇠망사』중에서)

그런데 실은 기독교가 로마 제국의 멸망에 얼마만큼 큰 역할을 했는가 하는 문제보다 더 중요한 질문이 하나 있습니다. 20세기 초 벨기에의 역사학자인 피렌Henri Pirenne, 1862~1935년이 게르만족의 로마 정복을 로마의 멸망과 동일시할 수 있는가 하는 의문을 제기한 것입니다.

생각해 보면 이 말도 그럴듯합니다. 그 전에도 이미 야만족이 로마 황제가 된 일은 여러 번 있었습니다. 게다가 로마를 접수한 오도아케르와 그다음 왕좌에 앉은 테오도리크는 모두 제국의 권위를 존중해서 동로마 황제의 지배를 형식적으로 인정했습니다.

무엇보다도 중요한 점은 게르만족의 지배 이후 지중해 주변 로마인들의 생활상이 그다지 달라지지 않았다는 것입니다.

이슬람 세력의 등장과
지중해 문명의 몰락

피렌은 6~7세기의 사료들을 꼼꼼하게 검토하면서 당시 로마 속주였던 지역들 생활상이 이전과 별로 다르지 않았음을 확인합니다.

일단 경제가 예전과 다름없이 굴러갔습니다. 이탈리아와 에스파냐에서는 예전처럼 와인이 정상적으로 생산되었고, 이집트에서는 유럽으로 밀과 파피루스를 공급했고, 중국에서 출발한 배가 인도양과 홍해를 거쳐 소아시아에 비단을 내려놓으면 지중해 전역으로 전달되어 부자들의 몸을 가려주었습니다.

게르만 정복자들은 현지 문화에 적응이 빨랐습니다. 사실 로마에는 이미 오래 전부터 군대 등 여러 경로로 게르만족이 들어와 있었고, 게다가 게르만족 역시 기독교를 수용한 상태였으므로, 양자 간의 이질감은 그리 크지 않았지요. 따라서 정복자들은 굳이 기존의 행정적·문화적 관행을 바꿀 필요를 느끼지 않았습니다. 마치 중국을 정복한 민족이 한족의 문화를 수용했던 것과 비슷하다고 할까요.

 오도아케르에 이은 테오도리크 역시 자신을 왕으로 칭하고 원로원의 조언을 들으면서 나라를 운영했습니다. 로마의 문화를 존중한 건 물론이구요.

그렇다면 로마 제국의 '진짜' 멸망은 언제 일어난 것일까요? 피렌은 로마 제국과 중세를 가르는 급격한 단절은 이슬람 세력의 진출과 맞물린다고 설명합니다.

피렌에 따르면, '로마'의 가장 큰 특징은 바로 '지중해 문명'이었다는 점입니다. 지중해를 통해 아시아와 아프리카를 연결하여 하나의 생활양식을 추구할 수 있었고, 지중해 내에서뿐만 아니라 홍해를 건너 인도양을 통해 먼 극동까지 이어지는 무역을 통해 제국의 부와 편익이 극대화되었던 거죠.

하지만 7세기 중반 무함마드가 일으킨 이슬람교 세력이 급격히 성장하면서 순식간에 북아프리카와 소아시아를 정복하자, 갑자기 '지중해 문명으로서 로마'는 몰락하기 시작합니다.

아프리카를 빼앗긴 탓에 이집트의 밀이 더는 유럽의 항구에 들어올 수 없었고, 소아시아가 막힌 탓에 동방과의 연결이 끊어졌습니다.

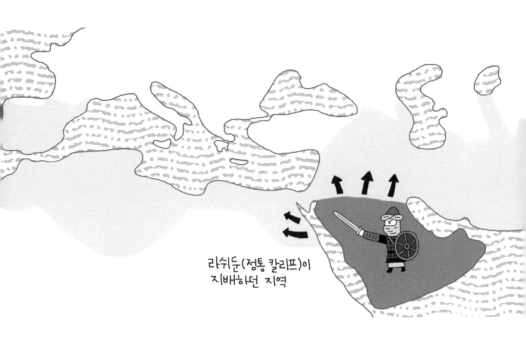

라쉬둔(정통 칼리프)이
지배하던 지역

즉 필수품과 사치품이 모두 끊긴 거죠. 지중해 내의 이동도 거의 불
가능해졌습니다. 그동안 상업과 사상의 교통로 역할을 하던 지중해는
이제 이슬람의 호수가 되고 만 것입니다.

테베레강을 떠나버린
니케 여신

그 결과 유럽은 한마디로 매우 가난해졌습니다. 동방의 사치품, 아프리카의 실용품들이 더는 유럽으로 들어오지 않고, 상업이 몰락하면서 도시들은 활력을 잃었습니다.

또한 유럽은 매우 무식해졌습니다. 파피루스는 오직 이집트에서만 생산되는 상품이었기에, 이집트와 무역이 끊기자 종이는 굉장히 비싸고 귀한 물건이 되어버렸습니다. 종이 대용으로 양피지가 있었지만 그건 더 비싸고 만들기도 어려운 것이었죠. 결국 유럽에서 책이 사라지기 시작한 것입니다!

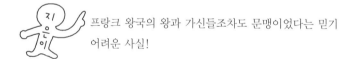 프랑크 왕국의 왕과 가신들조차도 문맹이었다는 믿기 어려운 사실!

책이 사라지니 지식이 사라지기 시작했습니다. 이제 라틴어를 읽을 수 있는 사람은 몇몇 사제들밖에 없었습니다. 역병이라도 돌아서 많은 사제와 수도사들이 죽고 나면 임시로 채용된 문맹의 사제가 미사를 집전하기도 했습니다.

중세가 암흑시대Dark Age인 이유를 아시겠죠? 중세 이후 유럽인들이 고대 그리스와 로마 세계를 그토록 경외했던 이유도 알 만하죠?

게다가 북아프리카와 소아시아, 스페인까지 장악한 이슬람 세력은 옛 로마인들의 생활양식까지 완전히 바꾸어놓았습니다. 이들은 기독교도에게 개종을 강요하지는 않았지만 이슬람교도 우대 정책을 실시했는데, 한두 세기가 지나자 에티오피아 일부 외에는 거의 모든 기독교인이 이슬람교로 개종했지요.

이들 지역들이 종교적·문화적·행정적으로 달라지자, 옛 로마도 함께 사라졌습니다.

게르만족의 침략이 아니라 이슬람 세력의 확대에 따른 지중해 교통의 차단이 로마의 몰락에 가장 큰 역할을 했다는 피렌의 주장은 상당한 호응을 얻어서, 그의 저서 『마호메트와 샤를마뉴*Mahomet et Charlemagne*』는 로마사와 초기 중세사를 다룬 가장 중요한 책 중 하나로 꼽히고 있습니다. 관심 있는 독자는 한 권 사보거나, 도서관에서 빌려 보세요.

 개인적으로 로마사를 이해하는 데 가장 중요한 책은 플루타르코스의 『영웅전』, 기번의 『로마제국 쇠망사』, 피렌의 『마호메트와 샤를마뉴』이 세 가지라고 생각합니다.

로마의 멸망에 대해서는 그리스인들처럼 설명할 수도 있을 겁니다. 그리스인들은 그리스가 쇠퇴하고 로마가 번영한 이유를 승리의 여신이 그저 변덕을 부렸기 때문이라고 설명했습니다. 어느 날 여신 니케가 큰 날개를 퍼덕이며 그리스를 떠나 테베레강가에 앉은 것뿐이라고요.

정말 그런지도 모릅니다. 한때 로마를 총애했던 여신 니케와 여러 신들이 어느 날 변덕을 부려 다함께 어딘가 다른 곳으로 떠나버린 거죠.

프로코피우스의 『비잔틴제국 비사』

프로코피우스의 『비잔틴제국 비사』

프로코피우스Procopius, 490년경~?의 『비잔틴제국 비사The Secret History』는 앞서 소개한 『로마제국 쇠망사』의 저자 기번이 유스티니아누스 황제 시절을 소개할 때 가장 많이 인용하는 책 중 하나인데요. 그리스 로마 '고전' 중 가장 재미있는 책을 꼽으라면 무조건 이 책입니다. 진짜로 그냥 무작정 재미있습니다.

실은 이 책의 한국어판을 제가 번역했는데, 해당 출판사의 양해를 얻어 책의 성격과 내용을 잘 보여주는 서문의 일부를 여기에 소개하겠습니다.

6세기경 유스티니아누스 황제가 지배하던 비잔틴제국의 역사학자 프로코피우스는 그리스의 헤로도토스와 투키디데스로부터 시작해, 로마의 타키투스와 수에토니우스로 이어지는 고대 역사학자 중 가장 마지막 세대에 속하는 사람입니다.

사실 그는 유스티니아누스 치세를 기록한 거의 유일한 역사학자이기도 한데요. 그는 원로원 의원으로서 당시의 황실 사정에도 해박했을 뿐 아니라, 유스티니아누스 시대의 고토古土 회복을 주도한 벨리사리우스 장군의 비서로서 직접 원정에 참여했습니다. 그는 첫 번째 페르시아 원정527년-531년에 따라갔고, 후일 아프리카의 반달족 원정533년-534년과 이탈리아의 고트족 정벌540년도 벨리사리우스의 곁에 있었습니다. 이후 오늘날 의학계에서 '유스티니아누스 역병'이라 부르는 콘스탄티노플의 대역병542년을 목격하기도 했죠. 참고로 오늘날의 학자들은 아마도 이 역병이 페스트였을 것이라고 추정하고 있습니다.

산 비탈레 교회의 모자이크, 「유스티니아누스 황제와 신하들」, 547년경

하지만 이 외에 생애 전반에 대해서는 잘 알려져 있지 않습니다. 벨리사리우스의 원정들을 기록한 『전쟁사』와 유스티니아누스의 비위를 맞추기 위해 그의 건축사업에 대해 서

산 비탈레 교회의 모자이크, 「테오도라 황후와 그녀의 시종들」, 547년경

술한 『건축에 대하여』, 그리고 『비잔틴제국 비사』가 그의 저서들로 남아있을 뿐입니다.

책의 내용으로 보아 550년경 쓰여진 『비잔틴제국 비사』(흔히 그리스어로 Ἀπόκρυφη Ἱστορία Apókryphe Istoría '로마자 알파벳으로 줄여서 Anecdota라는 제목으로 알려져 있는데, 이는 '일화anecdote'의 복수형이 아니라 '출간되지 않은 것들'이란 뜻이다.)는 유스티니아누스 황제와 테오도라 황후의 성정과 실정에 대한 엄청난 공격으로 가득 차 있습니다. 저자는 유스티니아누스와 테오도라의 보복이 두려워 그가 『전쟁사』에 담지 못했던 이야기를 여기에 썼다고 말하고 있는데요. 어떤 부분은 좀 지나치다 싶을 정도로 사적인 감정이 담겨 있습니다. 하지만 유스티니아누스 시대를 파악하는 데 있어서, 저자의 말대로 이 책은 『전쟁사』와 『건축에 대하여』를 보충하는 중요한 사료 역할을 합니다.

로마사의 권위자 중 하나인 기번도 『로마제국 쇠망사』에서 이 책을 포함한 프로코피우스의 저서들을 엄청나게 많이 인용하는데요. 기번은 우리나라에도 번역되어 나온 6권까지 전질 중에서 거의 한 권, 페이지로는 거의 300페이지가 넘는 분량을 유스티니아누스 시대에 할애하고 있습니다. 아마도 프로코피우스의 도움이 없었다면 이 같은 기술은 불가능했을 것입니다.

오늘날 우리가 흔히 비잔틴 제국이라고 부르는 동로마 제국은, 기원후 476년 야만족의 수장 오도아케르가 이탈리아 반도에 있는 도시 로마에 입성하면서 '서로마의 멸망'과 함께 자연스럽게 분리되었지만, 실제로는 콘스탄티누스 황제가 로마의 수도를 비잔티움으로 옮기면서 역사가 시작되었다고 봐도 무리는 아닙니다.

라틴 문화가 강했던 '서로마'와는 달리 동로마는 좀 더 동양적이고 많이 그리스적이었습니다. 라틴어보다는 그리스어를 많이 썼고, 궁정에서는 황제에게 머리를 땅에 붙이는 절을 하는 동양적인 의전이 이루어졌습니다. 이 책의 저자 역시 6세기 콘스탄티노플에서 쓰던 그리스어로 책을 썼고, 황제 앞에서는 부복하고 절을 했지요.

하지만 그러한 차이에도 불구하고 비잔틴 제국 시민들은 자신들이

'동로마'에 살고 있다고 생각하지 않았습니다. 그들은 그냥 로마 시민이었죠. 사실 당시에는 '비잔틴 제국'이란 용어를 쓰는 사람도 아무도 없었습니다. 비잔틴 제국이란 17세기 유럽 역사학자들이 붙여준 이름인 걸요.

'로마' 황제로서 당연한 발상이라고 할까요? 유스티니아누스 황제는 재위 기간 동안 잃어버린 고토를 회복하는데 매진합니다. 다행히 그의 휘하에는 유능한 장군 벨리사리우스가 있었는데요. 그는 고트족이 지배하던 이탈리아, 반달족이 지배하던 북아프리카, 그리고 동쪽의 변경을 넘보는 페르시아 군을 모두 물리치고 로마의 과거 전성기에 버금가는 영토를 회복합니다.

프로코피우스는 젊은 시절부터 이 벨리사리우스 장군 옆에 바짝 붙어서 그의 활약상을 지켜보았고 그 관찰을 바탕으로 8권으로 된 『전쟁사』를 기술합니다. 그런데 『비잔틴제국 비사』에서는 그의 한심한 모습들만을 기록했기 때문에 이 책만 보고 벨리사리우스가 멍청한 공처가이기만 했다고 오해해서는 곤란합니다.

사실 그는 카이사르 이래 가장 위대한 로마 장군일지도 모릅니다. 카이사르는 로마의 전성기 때 가장 잘 훈련된 병사들을 데리고 갈리아를 정복했지만, 벨리사리우스는 로마의 쇠퇴기에 훈련이 엉망인 데다가 대부분 야만인으로 구성된 오합지졸들을 데리고 이탈리아와 아프리카의 정복사업을 완수한 것입니다.

그러나 로마 제국의 영광을 되살리려는 유스티니아누스의 사업은 돈이 많이 드는 일이었습니다. 엄청난 규모의 군대를 해외로 파견해서 그 모든 지역을 정복할 때까지 보급을 유지해야 했으니까요. 당연히 비잔틴 제국 시민들이 그 부담을 져야 했죠.

그보다 더 큰 문제는 비잔틴제국의 군대가 고토를 회복할 능력은 있었지만, 그 땅을 지킬 능력이 없었다는 겁니다. 그리하여 유스티니아누스의 시대가 끝나자마자 이탈리아는 다시 야만인들의 차지가 되었고, 북아프리카는 사라센인들이 점령하고 맙니다. 무하마드가 창시한 신흥종교인 이슬람교로 정신무장을 한 사라센인들은 소아시아의 상당부분도 덤으로 가져가지요.

결과적으로 제국은 힘만 빼고 시민들 고생만 시켰다고 할 수도 있습니다. 프로코피우스가 이 책에서 말하는 요지 중 하나도 바로 그것인데요. 그의 지적이 과장되긴 했지만 일리가 있습니다.

그런데 이 책을 읽다 보면, 간혹 프로코피우스가 유스티니아누스에 대한 증오심 때문에 거짓 진술을 하고 있지는 않은지 의심스러울 때도 있는데요. 특히 프로코피우스는 유스티니아누스와 황후 테오도라, 벨리사리우스와 그의 아내 안토니나의 사생활에 대해서 때로는 지나치게 극단적이어서 믿기 어려운 이야기를 하기 때문에, 이 저서 자체의 신빙성을 의심받기도 합니다. 하지만 당시의 미신적인 믿음에 기초한 기술의 사실성은 기각하는 게 마땅하겠지만, 그 외의 대부분의 내용은 믿어도 좋을 것 같습니다. 참고로 기번은, "『비잔틴제국 비사』에서는 공적인 역사서에서 신중하게 살짝 언급하는 정도로만 처리한 매우 불명예스러운 사실들까지 그 내적 증거와 당대의 권위 있는 문헌에 의해 확인되고 있다."라고 말하고 있습니다.

그런데 비잔틴 제국의 전성기 중 하나라고 할 수 있는 유스티니아누스의 시대를 기록한 대표적인 역사학자의 작품들이 아직 우리나라에 소개되지 않았던 까닭은 무엇일까요? 아마도 우리나라 독자들이 로마 제국에 대한 관심은 컸지만 서로마가 멸망한 이후 독자적인 모습으로 성장했던 동로마에 대한 관심이 그에 미치지 못했던 것이 가장 큰 이유 중 하나겠지요. 어쩌면 프로코피우스의 여러 저서들을 번역하고자 했던 분들은 있었지만, 6세기경 비잔틴 제국에서 쓰던 그리스어가 우리나라 연구자들에게는 지나치게 생소했을 수도 있습니다. 프로코피우스의 언어는 고대 그리스어에 익숙한 연구자들이 읽는 플라톤이나 소포클레스의 그리스와는 천 년 정도의 역사적 거리가 있으니까요.

참고로 저는 1926년 리처드 앳워터가 번역한 영역본을 원본으로 하여 한글로 번역했습니다. 앳워터가 쓴 서문만 봐도 아시겠지만, 그는 고대 그리스, 로마 문화에 해박한 훌륭한 번역자입니다. 또한 그는 부인과 함께 부부작가로도 유명하지요. 저는 역자로서 그의 유려한 문체를 살리려고 노력했습니다만, 어느 정도까지 성공했는지는 잘 모르겠습니다.

마지막으로 한마디 덧붙이자면, 번역을 하면서 무척 즐거웠습니다. 개인적으로 고대 그리스와 로마 작품들 중 이만큼 재미있는 작품은 드물다고 생각합니다. 당대를 살아가는 사회인으로서 정치적 입장 따위는 전혀 고려하지 않고, 개인적인 감정까지 모두 담아 지독하게 써내려간 비망록이라고나 할까요. 고전 작품 중에 이런 경우는 정말 드물죠.

아무쪼록 독자 여러분도 저처럼 재미있게 읽어주시기를 바랄 뿐입니다.

로마인과 그리스인의 차이

헤겔은 『역사철학강의』에서, 우리 '근대인'이 고대인과 다른 이유 중 하나가 '근대인'은 인간이 어떻게 해볼 수도 없는 운명이란 것 대신에 정치를 가지고 있다는 점이라고 말한 바 있습니다. 예전이라면 '비극'에 압도당했을 인간이 정치를 통해 인생을 주도적으로 개척할 수 있게 되었다는 의미겠지요. 헤겔은 운명을 넘어서는 '정치'의 위력을 보여준 최초의 민족이 바로 로마인들이라고 생각한 것 같습니다.

물론 헤겔이 그리스인들에게 '정치'가 없었을 거라고 생각한 것은 아닙니다. 발칸반도와 지중해 주변에 조그만 군락을 이루며 살던 그리스인들은 때로 서로 전쟁을 벌이고 심지어는 상대를 노예화할 만큼 서로 사이가 나쁘기도 했지만, 동방의 침략자에 맞서서 강력한 동맹을 맺고 상대를 물리친 바 있습니다. 이를 정치의 승리라고 부르지 않으면 무어라고 할 수 있겠습니까.

그럼에도 불구하고 그리스인들의 정신을 지배한 궁극적 정조는 운명에 대한 순응이었습니다. 그리고 그 운명은 신들이 미리 정해둔 것이었습니다.

아이스킬로스의 비극 『에우메니데스』에서 열린 재판에서 어머니 클리타임네스트라를 살해한 오레스테스가 사형을 면한 것은, 그의 과오가 본인의 잘못이라기보다는 타고난 운명의 결과이기 때문입니다. 오레스테스는 탄탈로스의 후예인 아트레우스가의 일원으로서 어쩔 수 없이 그 잘못을 저지를 수밖에 없도록 타고난 것입니다. 소포클레스의 비극『오이디푸스 왕』에서 오이디푸스가 스스로 눈을 뽑고 테베를 떠난 것은 자신의 잘못이 아니라, 날 때부터 파멸할 수밖에 없었던 운명이 마침내 그를 덮쳤기 때문입니다.

하지만 로마인들은 달랐습니다. 존경받는 로마인이라면 설사 운명에 패배한다 할지라도, 그에 맞서 당당히 싸웁니다. '3월 15일the Ides of March'을 경계하라는 점괘를 받은 카이사르는 그날 아침 바로 그 점쟁이를 만나지만, "아무 일도 없잖아." 하면서 쾌활하게 웃어넘겼습니다. 물론 그날 카이사르는 원로원에서 브루투스를 비롯한 여러 암살자의 칼을 맞고 숨을 거두었습니다.

카이사르의 죽음은 공화국의 실패와 제국의 암운을 동시에 상징하는 사건이었습니다. 그리하여 아우구스투스 시대의 로마는 공화국의 탈을 쓴 제국의 형태라는 새로운 틀을 갖추었고, 이는 한동안 '팍스 아우구스타'라는 모습으로 성공을 거두는 듯 했습니다. 하지만 율리우스-클라우디우스 왕조의 후예들은 아트레우스가의 후손들 못지 않은 악명을 떨쳤고, 그 이후 로마는 다시는 공화국의 흉내도 복원하지 못했습니다. 5현제의 시대는 회광반조에 불과했습니다. '위기의 3세기' 이후 로마는 콘스탄티누스의 개혁으로 반등을 시도하지만, 그 결과 나타난 로마는 이미 로마인들에게 익숙한 그 제국이 아니었습니다.

그럼에도 불구하고 로마는 천 년이 넘는 기간 동안 유럽과 아시아, 아프리카의 주요 지역에서 권력을 상징하는 이름이었습니다. 로마는 지중해 주변에 사는 모든 이들에게 생활의 기본 규범이자 공적 판단의 기준이었습니다. 그리하여 전 유럽은 로마가 사라진 이후에도 로마의 권력과 규범이 제공했던 '팍스 로마나'를 잊지 못했고, 그 때문에 샤를마뉴에서 오토에 이르기까지 유럽 최강의 군주들이 로마의 후예를 자처했던 것입니다. 근대가 오기 전까지 유럽인들에게 로마는 평화이자 질서이고, 영원히 추구해야 할 정치적 고향이었습니다.

사실 '팍스 로마나'의 세계는 제가 여기서 관련 고전을 기반으로 소개한 내용보다 훨씬 더 크고 넓습니다. 그러나 저는 로마사와 로마 문화를 이해하기 위해 전체적인 틀을 잡는 데는 이보다 좋은 책도 드물다고 자부합니다. 이 책이 멀고먼 로마의 길을 순례하는 독자 여러분에게 좋은 길잡이가 되었기를 기대합니다.

곽동훈

단테 알리기에리, 2013, 『신곡 세트』, 민음사.

로버트 그레이브스·수에토니우스, 2009, 『열두 명의 카이사르』, 다른세상.

마키아벨리, 2008, 『마키아벨리 로마사이야기』, 동서문화사.

마키아벨리, 2015, 『군주론』, 까치.

몽테스키외, 2007, 『로마인의 흥망성쇠 원인론』, 종합출판범우.

몽테스키외, 2015, 『법의 정신』, 문예출판사.

베르길리우스, 2007, 『아이네이스』, 숲.

앙리 피렌, 2010, 『마호메트와 샤를마뉴』, 삼천리.

에드워드 기번, 2017, 『로마제국 쇠망사』, 동서문화사.

오비디우스, 2016, 『사랑의 기술』, 메티스.

윌리엄 셰익스피어, 2016, 『줄리어스 시저』, 동인.

장바티스트 구리나, 2016, 『스토아주의』, 글항아리.

카이사르, 2005, 『카이사르의 갈리아 전쟁기』, 사이.

카이사르, 2005, 『카이사르의 내전기』, 사이.

키케로, 2006, 『키케로의 의무론』, 서광사.

타키투스, 2005, 『타키투스의 연대기』, 종합출판범우.

타키투스, 2011, 『타키투스의 역사』, 한길사.

테오도어 몸젠, 2013, 『몸젠의 로마사 1』, 푸른역사.

테오도어 몸젠, 2014, 『몸젠의 로마사 2』, 푸른역사.

테오도어 몸젠, 2015, 『몸젠의 로마사 3』, 푸른역사.

프로코피우스, 2015, 『비잔틴제국 비사』, 들메나무.

플루타르코스, 2016, 『플루타르코스 영웅전 전집』, 현대지성.

게오르크 빌헬름 프리드리히 헤겔, 2016, 『역사철학강의』, 동서문화사.

B. H. 리델 하트, 2010, 『스키피오 아프리카누스』, 사이.

초판 1쇄 인쇄 2017년 11월 30일
초판 1쇄 발행 2017년 12월 15일

지은이 곽동훈
그린이 신동민

펴낸곳 지오북(**GEO**BOOK)
펴낸이 황영심
편집 문윤정, 전슬기
디자인 김정현

주소 서울특별시 종로구 사직로8길 34, 오피스텔 1018호
(내수동 경희궁의아침 3단지)
Tel_02-732-0337 Fax_02-732-9337
eMail_book@geobook.co.kr
www.geobook.co.kr
cafe.naver.com/geobookpub

출판등록번호 제300-2003-211
출판등록일 2003년 11월 27일

ⓒ 곽동훈, 신동민, 지오북(**GEO**BOOK) 2017

ISBN 978-89-94242-50-7 04100
978-89-94242-49-1 (세트)

이 도서의 국립중앙도서관 출판예정도서목록(CIP)은 서지정보유통지원시스템 홈페이지
(http://seoji.nl.go.kr)와 국가자료공동목록시스템(http://www.nl.go.kr/kolisnet)에서 이용하
실 수 있습니다. (CIP제어번호 : CIP2017030834)